競争 × 共創

卒、18
SOTSUTEN

全国合同建築卒業設計展
「卒、18」実行委員会 編

はじめに

今年度も無事「卒、」を開催することができました。
当団体が毎年行っております全国合同建築卒業設計展も回を重ねるごとに盛況となり、これもひとえに皆様のおかげと、心から御礼申し上げます。

例年同様、今年度も数多くの大学からご出展いただきました。
改めてこの度「卒、18」へ作品をご出展していただいた皆様、誠にありがとうございます。
またゲストクリティークとしてご参加を快諾していただきました、前田圭介様、藤野高志様、松田達様、冨永美保様、吉村靖孝様、西田司様、川島範久様、中川エリカ様、この度はご多忙のところ、「卒、18」へお越しいただき、誠にありがとうございます。
そして、ご来場の皆様、当展示会へ足を運んでいただき誠にありがとうございます。
皆様のご協力あってこそ、意義のある展示会として成り立っているのだと感じております。

開催にあたりましては、三栄建築設計様、スターツCAM様、大建設計様にご協賛いただき、東京芸術センター ホワイトスタジオ様には会場の面でご後援いただきました。そして、特別協賛企業として総合資格様には、設計展の企画・運営を通して常に私たちを支えていただき、本作品集におきましても無償で出版を引き受けていただきました。ご協力いただきました企業様には、この場をお借りして深くお礼申し上げます。

今年度は、「卒、」が発足し、15年目という一つの大きな節目となります。
こうして長い間、毎年開催を続けられることは、とても価値のあることだと思います。
この場をお借りし、スタッフ一同を代表して、改めて皆々様に心から御礼申し上げます。
誠にありがとうございました。今後の「卒、」の更なる発展を願います。

卒、18代表
小鎌郁也

「卒、18 全国合同建築卒業設計展」への
協賛および作品集発行にあたって

建築士をはじめとする、有資格者の育成を通して、建築・建設業界に貢献する——、それを企業理念として、私たち総合資格学院は創業以来、建築関係を中心とした資格スクールを運営してきました。そして、この事業を通じ、安心・安全な社会づくりに寄与していくことが当社の使命であると考え、有資格者をはじめとした建築に関わる人々の育成に日々努めております。
その一環として、建築に関係する仕事を目指している学生の方々が、夢をあきらめることなく、建築の世界に進むことができるよう、さまざまな支援を全国で行っております。卒業設計展への協賛やその作品集の発行、就職セミナーなどは代表的な例です。

当社は長年「卒、」に協賛してまいりました。本設計展は、大学や企業、各種団体が主催する卒業設計展とは異なり、運営も応募も学生の自主性に任されており、協賛当初から若い独特の熱気と志を感じてきました。今年で15周年を迎えますが、彼らの活動と作品の記録、そしてそのエネルギーを一冊にまとめ上げた作品集を今年も発行できたことを大変よろこばしく思います。

「卒、」に参加された方々が本作品展を通し、新しい建築のあり方を構築され、さらに将来、家づくり、都市づくり、国づくりに貢献されることを期待しております。

総合資格学院 学院長
岸 隆司

開催概要

◇ 全国合同建築卒業設計展「卒、」概要

「卒、」は「そつてん」と読みます。

関東を中心に、全国から有志で集まった建築を学ぶ学生で構成されており、建築学生の集大成とも言える卒業設計の発表の場を設け、より多くの人に建築の素晴らしさや楽しさを伝えられるよう1年かけて企画運営していきます。大学・学年・地域を超えてさまざまな学生と意見を交わし刺激し合いながらフラットな関係を目指していきます。

◇「卒、18」コンセプト

競争×共創

"お互いが競い合い、白熱した議論で高め合っている場としてありたい"
という想いが込められています。

◇「卒、18」実施概要

主催：「卒、18」実行委員会
参加大学：国士舘大学、芝浦工業大学、昭和女子大学、東京理科大学、日本大学
会場：東京芸術センター2F ホワイトスタジオ
日程：2018年2月24日（土）～26日（月） ※26日は自由展示日
講評会Ⅰ：2018年2月24日（土）10:00～17:30
講評会Ⅱ：2018年2月25日（日）10:00～17:30

特別協賛：株式会社 総合資格
協賛：株式会社 三栄建築設計、スターツCAM 株式会社、株式会社 大建設計

◇「卒、18」実行委員メンバー

<代表>　　　小鎌郁也（芝浦工業大学 学部3年）

<副代表>　　荒川内大心（日本大学 学部3年）、中谷妃佳璃（国士舘大学 学部3年）

<会場>　　　内山千尋（国士舘大学 学部3年）、舘優里菜（国士舘大学 学部3年）、
　　　　　　石川政樹（国士舘大学 学部1年）、川本凌輔（国士舘大学 学部1年）、
　　　　　　土肥慎平（国士舘大学 学部1年）

<デザイン>　遠藤涼平（日本大学 学部3年）、久保大樹（日本大学 学部3年）、
　　　　　　野中俊彦（日本大学 学部3年）、江邨梨花（日本大学 学部2年）、
　　　　　　槌田美鈴（日本大学 学部2年）、中里翔太（日本大学 学部2年）、
　　　　　　樋口明浩（日本大学 学部2年）、古田宏大（日本大学 学部2年）、
　　　　　　増野亜美（日本大学 学部2年）

<会計>　　　和田望萌（昭和女子大学 学部3年）

<広報>　　　長廻彩野（東京理科大学 学部2年）、吉本桃子（東京理科大学 学部2年）、
　　　　　　矢萩杏依（芝浦工業大学 学部1年）、吉本侑佑（芝浦工業大学 学部1年）

目　次

はじめに ……………………………………………………………… 2
協賛および作品集発行にあたって　……………………………… 3
開催概要 ……………………………………………………………… 4

Chapter1　審査員＆総評 …………………………………… 7
審査員総評1日目（前田圭介、藤野高志、松田達、冨永美保）…… 8
審査員総評2日目（吉村靖孝、西田司、川島範久、中川エリカ）… 10

Chapter2　受賞作品 ………………………………………… 13

最優秀賞（1・2日目）
縁の下のまち - 基礎から導く私有公用 -
　　平井未央（日本女子大学）……………………………………… 14

前田圭介賞（1日目）・西田司賞（2日目）
彼らの「いつも」のツムギカタ
　　有田一貴（信州大学）…………………………………………… 16

藤野高志賞（1日目）・学生賞（1・2日目）
bit wall city - 広告の舞台と消費者が出会うとき -
　　前田佳乃（東京理科大学）……………………………………… 18

松田達賞（1日目）・吉村靖孝賞（2日目）
貧民窟の変態
　　中村園香（東京理科大学）……………………………………… 20

冨永美保賞（1日目）
大山詣、再。
　　青山実樹（東京電機大学）……………………………………… 22

三栄建築設計賞（1日目）・川島範久賞（2日目）
蛇落地悪谷再考　8.20の記憶
　　山田清香（東京理科大学）……………………………………… 24

総合資格学院賞（1日目）
Park(ng)city - 建築の自動走行化による駐「者」場の提案 -
　　稲垣知樹（法政大学）…………………………………………… 26

中川エリカ賞（2日目）
アジアンタウン構想 - 移民2000人の営みでできた建築 -
　　本田偉大（日本大学）…………………………………………… 28

三栄建築設計賞（2日目）
コの器
　　小西隆仁（千葉大学）…………………………………………… 30

総合資格学院賞（2日目）
解体の庭 - 家の集合体から部屋の集合体へ -
　　松井裕作（日本大学）…………………………………………… 32

Chapter3　出展作品 ………………………………………… 35

第1章
審査員 & 総評

総評　DAY1

前田圭介賞
『彼らの「いつも」のツムギカタ』
信州大学　有田一貴

前田　ここ数年、卒業設計の審査では学生たちが現代社会の抱える問題をさまざまな角度から照射し、建築が新たなカタチとして何かの解答を持ち得ることを瑞々しく表現することや、饒舌に語る姿に勇気づけられます。今回の「卒、」ではそのような社会性を持った問題提起だけではない魅力的な建築の可能性とでもいえるような案が上位に残り、審査員同士での議論が深まり上位3案の評価も拮抗する有意義な審査でした。

　私自身の審査評価軸としては常に新しい建築の価値観や可能性を探求する一方、どこかリアリティを感じさせる何かを期待しています。なかでも「彼らの『いつも』のツムギカタ」の有田一貴くんの作品は社会の至る所に氾濫している健常者にとって何でもないような行動を促す公共空間のサインに着目し、障がい者にとって障壁ではない就労施設建築空間を提案していました。粗削りな部分は否めないにしても、支援とまちへの開き方によって応答しようとする意欲作です。また、設計者自身の丹念なサーベイや体験からくる裏打ちされた要素をカタチとして具現化している点を評価したいと思います。

藤野高志賞
『bit wall city - 広告の舞台と消費者が出会うとき -』
東京理科大学　前田佳乃

藤野　私の審査基準は3つ。①社会の問題を見定め主体的に関わろうとしているか。②建築的に新しい提案か。③問題意識と建築が同じ方向を向いているか。総評として、①の問題意識は各自多岐にわたり説明も充実していましたが、②は設計プロセス語りで時間切れになり建築空間の説明をせず終わる人が目立ちました。そして気になったのは③。問題意識も深く建築空間も魅力的だが、2つのズレを感じる作品。本田偉大さんの案は移民のための多文化共生建築が収容所に見えてしまいました。アイロニーとして読めば秀逸ですが作者自身が大真面目にこの解決案を信じており、力作だけに歯がゆかったです。①②③を備えた平井未央さんの案は出色の出来で、床下空間の発見として、増田信吾＋大坪克亘の「リビングプール」や、垣内光司の「鵜住居の合掌」も想起させましたが、地元に対する等身大の提案として最も共感できました。

　審査は上位3人が最終投票で同点となる緊張感の中、最後は「卒業設計とは何か？」という議論が展開。問題意識の射程？完成度？普遍性？読み手への刺激？審査員のさまざまな評価軸の波を勝ち抜いたのは総合力の平井案でしたが、最優秀を争った前田佳乃さんの案の資本主義への冷めた眼差しも際立っていました。渋谷駅前では床面より壁面がお金を稼ぐことに目をつけ、周辺建物からの視線への応答として建築をデザインしています。③の問題意識

前田圭介
(Keisuke Maeda)

1974年	広島県生まれ
1998年	国士舘大学 卒業
2003年	UID 設立
2018年	広島工業大学 教授

藤野高志
(Takashi Fujino)

1975年	群馬県生まれ
2000年	東北大学大学院 博士前期課程修了
2006年	生物建築舎 設立
2012年	東北大学 非常勤講師 (-15年)
	前橋工科大学 非常勤講師
2017年	東洋大学 非常勤講師
	武蔵野大学 非常勤講師
2018年	お茶の水女子大学 非常勤講師

と建築表現のシンクロという意味では全作品中トップだったので、90年代的コラージュによる花火のように儚いこの作品を、藤野賞に選ぶこととしました。

松田達賞『貧民窟の変態』
東京理科大学 中村園香

松田 今回の「卒、18」（DAY1）では、大変興味深い審査の展開がありました。審査の最終段階で3つの作品が三すくみの状態となり、それらの評価と審査員の立ち位置が密接に絡みながら白熱した議論となりました。身近な日常的な生活空間にアイデアを盛り込んだ平井未央さんの作品、資本主義が成立させた変容する都市建築を提案した前田佳乃さんの作品、そしてスラムの現実に学びながら新しい空間原理の提案につなげようとした中村園香さんの作品の3つが最終段階に残りました。

平井さんの作品は完成度が高く、問題に対する明快な解答がありました。一方、前田さん、中村さんは、それぞれ資本主義と商業建築、南米のスラムに見出す建築原理という非常に大きな問題を掲げたことで、明確な回答にまで至っていないように見えました。ただ卒業設計では、問題設定と回答をすべて自分で行うため、自分自身でいくらでも高いハードルを設定することが出来ます。そのため、前田さんと中村さんの作品は、完成度としては完璧ではない点が見え隠れしますが、問題設定そのものに強い意欲を感じました。そこでまずは後二者のいずれかを選ぼうと考えました。この卒業設計展が、学内の講評ではなく、関東圏の複数の大学から50近くの作品が集まったイベントだったからでもあります。

前田さんと中村さんは、甲乙つけがたい内容でした。しかしあえて言えば、資本主義という大きすぎる概念を建築のスケールに落とし込もうとした前田さんより、南米のスラムという普通に生活していたら気づかないであろう無名の空間のなかから建築的な原理を見つけようとした中村さんの作品を、最後に松田賞として選ばせていただきました。

冨永美保賞『大山詣、再。』
東京電機大学 青山実樹

冨永 昨年に引き続き講評に参加させていただきましたが、今年も力作が多く、一人一人の熱量がダイレクトに伝わってくる設計展でした。そのため議論が白熱して、決めきれない時間が続きました。それぞれの提案に個別のメッセージや敷地があり、「素晴らしさ」が一軸で測れない世界だからこそ、評価することの難しさを痛感しました。そして大混戦の最終選考に上がった3案は、建築経験の魅力が、そのプロジェクトだからこそ生まれるようなダイナミズムがありました。

議論の末に最優秀となった作品は、「言っていること」と「やっていること」が矛盾なく研ぎ澄まされ、バランスが最も取れているものでした。秀逸なバランス感覚と素直な実感の掛け合わせの上に立ち上がっている作品で、素晴らしいものでしたが、その一方、「言っていること」の風呂敷をより大きく広げ、見たこともないような建築の経験を創造するようなプロセスを持てるのかについて、あと一歩の歩みが

松田達
(Tatsu Matsuda)

1975年	石川県生まれ
1999年	東京大学大学院 修了
2005年	パリ第12大学パリ・ユルバニスム研究所DEA課程修了
	東京大学大学院 博士課程単位取得満期退学
2007年	松田達建築設計事務所 設立
2011年	東京大学先端科学技術研究センター 助教
2015年	武蔵野大学 専任講師

冨永美保
(Miho Tominaga)

1988年	東京都生まれ
2011年	芝浦工業大学 卒業
2013年	横浜国立大学大学院Y-GSA 修了
	東京藝術大学 助手
2014年	tomito architecture 共同設立
2016年	慶応義塾大学 非常勤講師
	芝浦工業大学 非常勤講師
	関東学院大学 非常勤講師

あったらどうなっていたのだろう、と想像してしまいました。きっともっとすごいものになっていたはずだと思います。

極解や誤解が生まれないような安定性よりも、不安定ながらも挑めないことに挑んでみるようなプロジェクトに魅力を感じてしまいます。

そういう意味で、青山実樹さんの作品に、一番感動しました。そこにある環境の壮大さと実直に向き合い、しかし一方でその敷地の強さから一歩距離を取っているような提案でした。人間と風景とが独立しながら寄り合っているようなところがあり、模型から建築を抜き取っても成立しない風景があり、風景を抜き取っても成立しないような建築がありました。そんなバランスの危うさと、ある種の独特な安定性に魅力を感じ、個人賞に選ばせていただきました。

総評　DAY2

吉村靖孝賞
『貧民窟の変態』　東京理科大学　中村園香

吉村　今年は、卒業設計と修士設計の講評会に8つ参加したのですが、この会場の作品は特に素晴らしいと感じました。でも、2つ指摘しておきたいことがあります。1つはプログラムの語り方です。「見守り」と「監視」は言い方が違うだけで同じことです。「コミュニティ」は仲間外れをつくって差別を生むかもしれない。皆さんは自分の設計したプログラムの良い部分のみを語っていますが、その背後に実は危険をはらんでいる。そのことがあまり意識されていないのを懸念しました。もう1つの指摘は、参加型デザインについて。竣工の後で住民が自由につくるといった案が多く、良く言えば可変性があり、悪く言えば設計者が責任を放棄しているようにも見えました。そのような提案が50案に数案まぎれているのはわかりますが、これだけ連続すると辛い。建築家が責任を放棄せずに設計しきる強さが必要ではないかと思いました。その意味で、吉村賞の中村園香さんは、アドホックに設計をすすめる手法を試しながらも、DIYとしてユーザー側に完全に投げ出してしまうのではなく、最後まで自分で設計しているところが素晴らしかったです。

西田司賞
『彼らの「いつも」のツムギカタ』
信州大学　有田一貴

西田　今回は一次審査で50人、二次でもっと詳しい話を10人に聞きました。それでもよくわからなかった部分が幾つかありますが、（僕は自分で理解できることが自分の発想の限界だと思っており）、このよくわからない部分も価値だと思うようにしています。普段、共同設計していても、なんとなく良いけどなんで良いのかがわからないことを執着して考えるようにしていて、だから、今回の最終審査の3票を選ぶ中でまだ少々理解できていないけど、自分の中になかった新しい建築への着眼点を教えてくれるのではないかと、リスペクト的に感じるところがあります。平井未央さんの案は、輪郭がもともと住居のサイズしかないところにさ

吉村靖孝
(Yasutaka Yoshimura)

1972年	愛知県生まれ
1997年	早稲田大学大学院 修了
1999年	文化庁派遣芸術家在外研修員として MVRDV（蘭）在籍（-01年）
2002年	早稲田大学大学院 博士後期課程満期退学
2005年	吉村靖孝建築設計事務所 設立
2013年	明治大学 特任教授
2018年	早稲田大学 教授

西田司
(Osamu Nishida)

1976年	神奈川県生まれ
1999年	横浜国立大学 卒業
2002年	東京都立大学大学院 助手（-07年）
2004年	オンデザインパートナーズ 設立
2005年	横浜国立大学大学院Y-GSA 助手（-09年）
2013年	東京大学 非常勤講師
	東京理科大学 非常勤講師
	京都造形芸術大学 非常勤講師

まざまな機能を挿入して、それで何をするのかが一番の疑問ですね。でも、昔はビルディング・タイプと呼ばれ、ホールはホール、学校は学校、オフィスはオフィスとしてつくられていました。最近は雑居ビルのように複合が当たり前で、ビルの中にオフィスや学校などが混在していますが、それをもっと小さい単位で捉え、住宅と認識している大きさに多様な機能を詰め込んでいく、そういう混ざり方の感覚をもう少し知りたくて平井さんを推しています。

　西田賞の有田一貴くんは、つくっているものに対して荒削りだけれど可能性を感じ共感していて、このまま建築をもっと学んでいっていただきたいと思っています。

川島範久賞
『蛇落地悪谷再考　8.20の記憶』
東京理科大学　山田清香

川島　今日は50作品を拝見しましたが、二次審査に進んだ10作品以外にも共感する作品が多かったです。現在私たちが直面している現実的な問題に、正面から向き合おうとしている人が多いという印象を抱きました。そのような中から10作品を選ぶのは難しく、10作品のプレゼンテーションを聞いても大きな差はないと感じました。

　山田清香さんの案は、広島の土石流被害があったエリアに対する提案です。彼女はこの敷地の近くに住んでいたそうで、実際にその場所に住み続けたいという人の声に耳を傾け計画を考えたとのことでした。砂防ダムをつくることを前提とした彼女の提案に対して、東日本大震災の津波被害エリアにおける防潮堤問題と同様、そこまでしてそこに住めるようにする必要があるのかという意見があると思います。しかし、それでもそこに住み続けたいという人に対して、建築に何ができるのかを考えることは大事なテーマだと思います。この問題意識を継続して今後も考え続けてもらいたい、私も考えていきたいという思いを込めて山田さんを推しました。

中川エリカ賞
『アジアンタウン構想
-移民2000人の営みでできた建築-』
日本大学　本田偉大

中川　今日のプレゼンテーションを聞いて、皆さんすごく弁が立つうえに、よどみのないプレゼンテーションで驚いております。ただ、その一方で、実際にここに住む人の営みについて具体的な内容を質問すると上手く答えられない場合が多い。実際にそこで過ごす人間について、どこまで実感を伴っているか疑義がありました。

　卒業設計の賞については、何を言っているかよくわからなくても「自分はこれをやるんだ」という強い意志を持っている人を私は推したいと思います。『アジアンタウン構想』の本田偉大さんは、わかるところとわからないところがありますが、卒業設計たるもの大志を抱かなくてはならんという気概があり、そこを買いたいです。人がざわめく生々しい生命感が余白空間にあり、そこに新しい働き方までも取り込みながらぬくぬく成長していきそうな何かを感じさせるところがある。そこに魅力と可能性を感じるので、彼の建築を選びたいと思います。

川島範久
(Norihisa Kawashima)

1982年	神奈川県生まれ
2007年	東京大学大学院 修了
2012年	カリフォルニア大学バークレー校 客員研究員
2014年	ARTENVARCH 共同設立、東京工業大学 助教
2016年	東京大学大学院 博士課程修了・博士（工学）取得
2017年	川島範久建築設計事務所 設立

中川エリカ
(Erika Nakagawa)

1983年	東京都生まれ
2005年	横浜国立大学 卒業
2007年	東京藝術大学大学院 修了
2014年	中川エリカ建築設計事務所 設立、横浜国立大学大学院Y-GSA 設計助手（-16年）
2018年	東京藝術大学 非常勤講師、法政大学 非常勤講師、芝浦工業大学 非常勤講師、横浜国立大学 非常勤講師、日本大学 非常勤講師

講評会当日スケジュール

2018年2月24日(土)・25日(日)

9:30～10:00	開場・ゲストクリティーク来場
10:00～13:30	一次審査(ポスターセッション)

ゲストクリティークが順番に回り、出展者は1人あたり4分(2分のプレゼン／2分の質疑応答)のプレゼンを行う。

13:30～14:30	最終10作品選出・お昼休憩

ゲストクリティークが二次審査対象となる10作品を選出。

14:30～16:00	二次審査(公開プレゼンテーション)

ファイナリスト10名が1人あたり8分(4分のプレゼン／4分の質疑応答)のプレゼンを行う。

16:00～17:30	ディスカッション／総評・表彰式

最優秀賞1作品、審査員賞4作品、スポンサー賞として三栄建築設計様と総合資格様よりそれぞれ賞を選出。

17:30～18:30	懇親会(出展者のみ)

第 2 章
受賞作品

縁の下のまち -基礎から導く私有公用-

プログラム：宿泊施設兼地域施設
構想／制作：12週間／5週間
計画敷地：福井県福井市みのり
制作費用：60,000円
進　　路：日本女子大学大学院

最優秀賞（1・2日目）

平井 未央
Mio Hirai

日本女子大学
家政学部住居学科
篠原研究室

■敷地概要
パークアベニューみのり[福井県福井市みのり]

■"私有公用"の最大化

現状
"みんなのものであり、誰のものでもない"

これから
"みんなのものであり、私のものであり、誰かのもの"

「ヒトゴト」ではなく、「ワタシゴト」になった地域施設は、住民達によって積極的に手が加えられていく。

■設計手法

洪水で60cmの浸水した住宅地。

80cmまで基礎をあげる。

柱の腐敗した根本を切断し、座屈長さを短くする。

基礎は用途や機能に合わせて形が変化し、緩やかに繋がる。

たとえ住宅が無くなっても、基礎が人の集まる場となる。(遺跡化)

福井豪雨で浸水被害を受けた新興住宅地の1階を剥がし、構造を補強すると共に、接地階を公共へと開放し、「みんなのものであり、私のものであり、誰かのもの」という私有公用空間を実現する。ピロティ化した接地階は、宿泊施設兼周辺住民達のシェア空間として計画。子供たちが巣立ち、使われなくなったスペースを他者に提供する事で、住民はお金を得ることもできる。開放した事で剥き出しとなった基礎を拡張・増幅させ、下から緩やかに住戸同士を繋げることで、1区画がひとつの建築となる。意匠的要素として顧みられることのなかった基礎を再定義し、家具や設備の基盤も、"基礎化"させる。まちのテキスタイルとして見えるようになった基礎は、遺跡のように、見た人に使い方を想起させ、使う人によって違う風景が描かれていく。

開放された住宅地の1階を基礎が這っていく

■ギャラリー通り

使い方を想起させる遺跡のような基礎

■図書館通り

■プログラム

ある区画を1つの建築、住戸はその建築の部屋と捉え、シェア空間のある、地域施設兼宿泊施設を計画。

現在の状態 → ひとつの建築になる

■柱を運ぶ基礎

基礎が既存住宅の外部にも広がることで、柱が運ばれ、屋根がかかる。(みんなの屋根)

■設えの基礎

設え・設備の基礎も、コンクリートで立ち上げることで、生活の基盤すべてが建築的基礎として見えてくる。

机基礎　椅子基礎　棚基礎
調理基礎　洗面基礎　階段基礎

木パネルにより完成する例

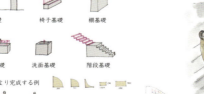

■パブリックビューイング

15

彼らの「いつも」のツムギカタ

プログラム：障がい者就労施設
構想／制作：5週間／4週間
計画敷地：長野県長野市問御所町
制作費用：50,000 円
進　　路：信州大学大学院

前田圭介賞（1日目）
西田司賞　（2日目）

有田 一貴
Kazutaka Arita

信州大学
工学部 建築学科
寺内研究室

障がい者が働きの場として利用する就労施設や生活介護施設の見学、インタビューから個性あふれる彼らの「いつも」の瞬間をとらえた

精神障害Aさん　精神障害Bさん　知的障害Cさん　知的障害Dさん　発達障害Eさん　知的障害Fさん　発達障害Gさん

認知補助の支援から得た4の空間条件

環境要素	1部屋1目的	パーテーション	ハイサイドライト	防音室	カームダウン	視線の抜け	スロープ
指示方法	上→下	左→右	作業量の表示	明確な動線化	サイン計画	靴置き場	
広報活動	製品化	展示	チラシ	枠を超えたコラボ	まちづくり		
時間共有	WS	バス通勤	接客	イベント	公園		

「認知」を助ける支援

彼ら自身の「認知」を助ける支援

彼らへの「認知」を助ける支援

4の空間条件

環境要素	指示方法
広報活動	共有機会

今日公共施設ではサイン計画が一般化しわかりやすいデザインで人々の行動や振る舞いをコントロールしている。しかし障がい者にとっては理解しがたい標識が多々あり、就労その他社会生活全般で障壁となっている。障がい者就労施設では障がい者が簡単に認知でき、彼らの行動や心境が落ちつく様々な補助が行われている。こうした支援の手法に着目することで使いやすい空間を探ることができると考える。そこで、本設計では障がい者就労施設で見られる認知を補助する空間や手法の工夫を調査しそれをもとに設計を提案する。建築操作としては多様な斜めの壁を用い、空間の外部と内部をつなげたり、個別スペースを確保、動線の指示などを行い認知がしやすく有意義な居場所となる空間を作った。

斜めの操作でできること

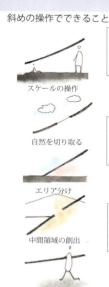

- スケールの操作
- 自然を切り取る
- エリア分け
- 中間領域の創出
- 動線の指示
- 使い方の学び

環境要素 / **指示方法** / **広報活動** / **時間共有**

庭のような屋根

トップライト

空間の選び

スケールダウン

斜めのスラブによる回遊性

作業の流れを誘導

動線となる家具

ふるまいを多様化する

市民エリアの介入

活動の溢れ出し

視線の抜ける

保護者と子の関係

公園

市民の菜園

スタンド

自然の創出

平面計画

- 南北に抜けを作り地域ケアの機能を展開する
- 利用者エントランス
- 利用者の親たちが見守りつつ彼らの力になる
- 地域相談窓口
- 事務室
- 保護者交流室
- 親カフェラウンジ
- 既存のピロティを生かす
- 暗がりの部屋
- 音楽と自然の部屋
- 公民館の裏庭に活動が溢れる
- ケアの道
- 訓練の部屋 a
- 売り物の部屋
- 外のステージは地域に解放される
- 地域公民館
- ワークショップ室
- 講義室
- ステージのある部屋
- ランドスケープで市民を呼び込む
- デイサービスセンター
- 講義室 b
- ラウンジスペース
- 創造の部屋
- 図書館
- ケアエリア / 就労エリア / 芸術エリア / 交流エリア

bit wall city -広告の舞台と消費者が出会うとき-

プログラム：オフィス商業複合施設
構想／制作：9週間／5週間
計画敷地：東京都渋谷区道玄坂2丁目
制作費用：100,000円以上
進　　路：東京工業大学大学院

藤野高志賞（1日目）
学生賞　　（1・2日目）

前田 佳乃
Kano Maeda

東京理科大学
工学部 建築学科
郷田研究室

1. ダイアグラム

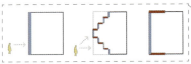

接道する4面のGLとSLから八方向に切り抜く。

通行者の視線に合わせて広告を貼ることで、多くの面を利用。

2. 広告壁の貸し方

大きい壁を借りることでシアターができたり、複数借りることでプロジェクションマッピングにも利用できる

3. 設計趣旨

誰でも広告壁を借りられるように、広告単価を安くする工夫として次の三つを挙げる。

01. sight　スラブの配置は周辺建築のカフェの位置など視線の量をもとに決まる。また、視線の多いところだけスラブを設け壁を増やすことで床の賃貸料を抑えている。

02. fee　ギャラリーなどの入場料やスタジオの貸し出しにより収入を得その分安価に広告を出せる。

情報化社会が進み、空間を把握するうえでのウェイトはもはや建築自身になく、情報や広告といったメディアにあると考える。そこで、渋谷スクランブル交差点という情報と視線が行き交う場所に、広告単価で形態の変化する複合施設を提案する。広告都市を全面肯定してつくられたこの建築の広告壁は、広告単価の変化で時にギャラリーになり、シアターのスクリーンにもなる。配置や大きさから現在、街のどこに人々の興味が集中しているのかという都市的需要と広告の内容からは消費者の文化的需要が如実に表れ、まさに渋谷の街とリンクしながら変形し、現在の都市の色を映し出す建築である。スラブの配置等の工夫により企業以外の個人も気軽に壁を借りることができ渋谷の文化や新しいビジネスがローカルから生まれ、より活発になる。

4. インプレッションによる形態変化

貧民窟の変態

プログラム：オフィス・複合施設
構想／制作：12週間／3週間
計画敷地：東京都渋谷区神南1丁目
制作費用：30,000円
進　　　路：南米に行きたい

松田達賞　（1日目）
吉村靖孝賞（2日目）

中村 園香
Sonoka Nakamura

東京理科大学
工学部第二部 建築学科
坂牛研究室

1　スラム調査

スラム建築の構成要素40個抽出する。
場所：アルゼンチン／ブエノスアイレス

ex.

No.3　バルコニー

No.6　少しずつキャンチ

No.32　直通階段

― 私と公の間の空間
― 私的空間だけど共有
― 採光

― 圧迫感
― 私的空間の主張

― 必要な過剰要素
― 目的地までの最短経路

2　言葉変換、分類

抽出した構成要素を言葉に置き換え、3つの要素に振り分ける。

建築的要素

私的空間の主張を繰返し、陣地となる。

私的空間と私的空間の間は陣地。

動線は必要なだけ。必要な過剰要素

内側が表。内側にある別世界に入る入り口。

最短距離＝最長距離

空間的要素

突然現れる小さな中庭

迫る壁の暗がり

隙間から光

構造的要素

別構成の構造挿入

大梁をかけ渡す

外壁で構成

構造体を露出

3　設計手法ダイアグラム

振り分けられた要素をもとに、設計する。

スラム建築はそこに住む住民の秩序で構成されている。本当に必要としている最低限のものを、手に入る材料で場当たり的に自分自身で造り上げる。スラムでは私たちが普段、非合理だと当たり前に決めつけ切り捨ててしまうモノに、目的や価値が生み出されている。それはスラム特有の機能主義だといえる。スラム機能主義で成り立つアルゼンチンの或るスラムを調査し、建築の構成要素を取り出す。その構成要素をまずは言葉に分解し、建築・空間・構造の3つの要素に分類し、設計手法を導き出す。日本においては考えられない、スラム機能主義で建築をつくることができれば、建築を使う側の本当に必要なものだけの最小限機能で建築がみえてくるのではないか。スラムの人口密度と同じオフィスを渋谷に提案する。

通路には細い光が差し込み、奥には中庭の光だまりが見える。

小さな中庭の光だまりはとても静かで落ち着ける場所となる。

スラブと壁の間から人の気配を感じる。

長い長い直通階段

4 断面計画

スラムから抽出した設計手法をもとに、オフィスの設計をする。敷地周辺にオフィスを構える職種3社、加えてフリーランス2社を選定し、各社員数に合わせて面積を振り分ける。

大山詣、再。

プログラム：人と神社と自然の一体化
構想／制作：6週間／3週間
計画敷地：神奈川県伊勢原市大山
制作費用：60,000円
進　　路：東京電機大学大学院

冨永美保賞（1日目）

青山 実樹
Miki Aoyama

東京電機大学
未来科学部 建築学科
山本研究室

神奈川県伊勢原市にまたがる大山。古くから霊山として関東一円の人々に親しまれてきた。神社に仕えた先導師たちが参拝に訪れる人たちの宿泊のお世話をしたことが始まりで、現在でも約40件ほどの旅館が軒を連ねているが、交通の便が発達したため宿泊客は減少している。

かつては自然環境に順応した生活のための建築を築いていたが、現代では利便性や快適性を求め、自然環境からは次第に遠ざかり、人間中心の人間のための建築ばかりがつくられている。人口減少へと向かうこれから先もこのようなままで良いのだろうか。古くから霊山として関東一円の人々に親しまれてきた大山。江戸時代、小旅行を兼ねた大山詣が庶民の間で大流行した。現在でも神社に参拝する風習として親しみのある、初宮参り、七五三などの人生の節目を軸として与え、大山地区にそれぞれの節目の空間を設けることで、現代の新しい大山詣を提案する。

禊の泉　　　　知の館　　　　結の舞台　　　　省みの古屋

禊の泉
誕生の節目の際に、自然に取り囲まれ、五感で自然を感じる場所となる。敷地は大山詣の始まりの場所としてふさわしい、車道から歩道空間へ入る手前にする。歩くことで川の流れを感じ、自然環境との距離を縮める。自然の中へ引き込ませるアプローチ。そして、自然とヒトとの緩衝領域から徐々に自然の中の神聖な領域へとつながる。登った丘上には足湯があり、身を清める。

知の館
七五三の節目の際に訪れる場所である。「大山こま」は人生がうまくまわるという縁起の良いもので、現在でも職人が江戸時代からの手法で作っている。その大山こまの体験工房を設け、ものとして残すことで現在に大山に訪れた記録とする。また大山の歴史を伝えるため、資料館も併設させる。滝音に誘われて、橋を渡り、そのまま川沿いを歩く。川音をききながら引き込まれ、回遊すると自然と人との緩衝領域へつながり、景として自然を眺める。また川と斜面に溶け込むように建築が佇む。

結の舞台
結婚の儀式が行われる。ケーブルカーで登った先の阿夫利神社のふもとに計画する。森の中へ引き込ませるアプローチ。自然とヒトとの緩衝領域から大自然の神聖な領域へつながる。斜面に順応した舞台で結びの誓いを立てる。

省みの古屋
歳祝いの際に訪れる。橋からのアプローチで自然の神聖な領域へ渡る。人生を振り返る場として、ギャラリーを設ける。初宮参りや七五三の節目で訪れた人たちの写真をみて、昔の自分に当てはめ、語らう場や新しいことに挑戦する気持ちを湧きたてる場となる。斜面に順応するように登り、自然へと溶け込む。

蛇落地悪谷再考　8.20の記憶

プログラム：砂防堰堤・復興団体施設・集合住宅
構想／制作：3ヶ月／3週間
計画敷地：広島県安佐南区八木三丁目
制作費用：60,000円
進　　路：東京理科大学大学院

三栄建築設計賞（1日目）
川島範久賞　　（2日目）

山田清香
Sayaka Yamada

東京理科大学
理工学部 建築学科
安原研究室

住宅エリア、復興団体エリア、砂防堰堤エリアの三つのエリアから集落の在り方を考える。

砂防堰堤エリア

砂防堰堤を空間化し、建築と一体化させることで街を守りながらも記憶が継承されていく場をつくる。土木と建築の垣根を超える、ここならではの体験が可能となる。

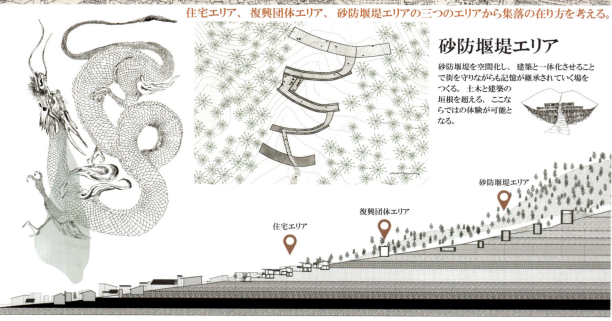

さかのぼること数百年前。現在の広島県に一匹の龍の住む集落があった。水の神様である龍の首は何者かにへし折られ、山に落ち、集落は大洪水により跡形もなく消え去った。後に、この大蛇伝説から地名は蛇落地悪谷と名付けられた。しかし、蛇落地悪谷に住む人は少なくなっていき、八木という地名に塗り替えられていった。災害の記憶が風化されてしまった平成26年8月20日。約50か所にわたって土砂災害が発生。死者74人住家被害4559件うち全壊家屋173件。未然に土砂災害の発生を予測できた場にも関わらず、過去から目をそらしてしまったことが大きな被害となった原因に挙げられる。そこで、土砂災害の起こりやすさを前提とし、自然に適応しながら住む集落の在り方を、住宅・復興団体・砂防堰堤の3つのエリアから提案する。地名ではなく土木と建築で残す、これからの記憶の残し方。

復興団体エリア

2人の住民が立ち上がり結成された復興団体がある。住民と砂防堰堤の境目に建つ復興団体の場は、住宅と砂防堰堤の架け橋ともなる。

日常に彩を与える住宅の在り方

住宅エリア

一つ一つの家屋が土砂を受け止めながらも、少しずつ土砂を流していくことにより集落全体の被害を最小限に抑える。斜面地の特性を活かし、四つの手法で設計を進める。

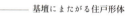

土木と建築で表す新しい記憶の継承の仕方

基壇にまたがる住戸形体

住戸を基壇にまたがるように住戸を配置することで、より外部への意識を持つことを促すことができる。様々なアクティビティーが可視化されることで、精神的に塞ぎこみがちになった人々の更生にも繋がりやすくなる。

中庭と車道

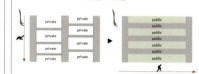

レイヤー状に中庭と車道を設ける。横動線の意識を日頃から強化することで、いざという時に素早く移動することができるようになる。

RC造と木造

木造の家屋が多いこの地域は、災害時被害が顕著に見られた。そこで、RC造を住戸形式に組み込むことで、安全性を高める。また、木造の住戸形式も部分的に取り入れることで、この地らしい景観を継承する。

災害から生き残った形体「シェルター」

住戸の内部と外部に災害時に守られた形を取り入れることで、一時的な避難場所となる場をつくる。日常では彩を与える場となり、災害時にはシェルターとなる。

自分たちの住む町と山との**境界に立つ。**

Park(ing)city
- 建築の自動走行化による駐「者」場の提案 -

プログラム：自動走行複合施設
構想／制作：5ヶ月／1ヶ月
計画敷地：東京都渋谷区
制作費用：50,000円
進　　　路：法政大学大学院

総合資格学院賞（1日目）

稲垣 知樹
Tomoki Inagaki

法政大学
デザイン工学部 建築学科
赤松研究室

未来の空白「駐車場」と建築

2040年代車の自動運転化や人口減少によって「車を駐めるだけ」駐車場の需要は減少する。よりスポンジ状に縮小する社会に対し管理が比較的統一されているのが駐車場である。

建築の分解→移動建築とコアへ

渋谷の中心の建築用途を占める商業施設を分解し移動可能にし水廻り等のコア部分と分離することで同じ床面積でも新たに生まれる周囲のスキマによって個々の活動が溢れ出る余地をつくる。

連続性を持った空間へ

パーソナルスペースの泡となるMoRは2坪の最小空間をもち、拡がりをもとめ展開される。ユニット同士での連結によって新たなシェアスペースはミックスカルチャーを創出する。

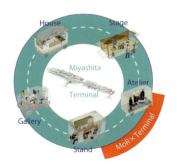

未来の建築は自動走行するようになる。渋谷の再開発によって内向的になっていく営みをMobileRoom(MoR)に搭載し、建築＝土着だけではなく地面から離着させることで未来のヴォイド駐車場は時間単位にライフスタイルの変化に対応し、再び渋谷を雑多さが溢れ出る街にするための提案。対象範囲は谷地形から発生したストリートが交差する中心部の宮下公園から半径750mのコインパーキングを時間単位でMoRがとどまる場として提供することで、人がとどまる事のできる駐車場へと姿を変える。ターミナルとなる宮下公園は他業者との交流の場となり渋谷のミックスカルチャーの発信を促すスケルトン空間になる。

斜め床による操作

利用時間のグラデーション

Guesthouse、Farm
Market、Meeting
Platform,Dock Bicycle port

東西のインターフェース　南北の探索性

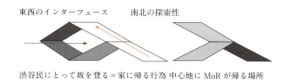

渋谷民にとって坂を登る＝家に帰る行為 中心地にMoRが帰る場所

アジアンタウン構想
-移民2000人の営みでできた建築-

プログラム：居住都市
構想／制作：24週間／2週間
計 画 敷 地：東京都新宿区百人町2-14-10
制 作 費 用：150,000円
進　　　路：日本大学大学院

中川エリカ賞（2日目）

本田 偉大
Takehiro Honda

日本大学
理工学部 建築学科
今村研究室

アジアンタウン構想
- 移民2000人の営みでできた建築 -

住民一人ひとりの生活や営みといった「粒」が入り混じり、「群」を成すことで生まれる一つの『居住都市』。
この建築はやがて他の地域にまで移民の営みを展開させていく、『都市の中での循環器』として機能する

［地上に浮かぶ集合住宅］　　　　　　　　　　　　［地下商店街］

【セルフビルドにより拡張された生活空間】　【余白を活用した断面的な関係】　【300mに渡り、リニアに展開する地下商店街】　【広場から望む地下商店街】

移民を支える居住と雇用の場

『地上集合住宅』- 移民たちの居住の場 -

"地上に浮かぶ集合住宅"

840戸、約2000人の移民が居住する。一本の街路と雁行配置した住戸によって生まれる「余白の空間」を様々な移民たちが自発的、自律的に居住環境を整えていくことで、彼らの生活や営みが余白を埋め尽くしていき、混然一体とした全体像が構築されていく。

"地下に埋まる商店街"

壁柱で支えられた巨大な地下街では小スケールの工房や店舗やレストラン、居酒屋などが混在し、生産や販売、飲食など、移民による様々な文化の入り混じる商店街を計画。ここはさらなる雇用の場となり、この地域の移民を支えていく。

『地下商店街』- 移民たちの雇用の場 -

近年のグローバル化、少子高齢化、労働人口の減少により、今後日本でも明らかに増加する移民。本計画では居住と雇用の両面で移民の器となる建築を提案する。敷地は東京都新宿区大久保。コリアンタウンとして有名な本計画地域は近年、韓国だけでなく、アジア各国からの移民が集まりつつあり、様々な文化が混在する地域である。今回提案する建築は大きく分けて「地上に浮く集合住宅」と「地下に埋まる商店街」の2つで構成しており、1つの居住都市を形成する。多様な移民一人ひとりの生活や営みといった「粒」が入り混じり、「群」を成して全体が構築される。この居住都市は既存のコリアンタウンと垂直交差し、街に新たな流れをもたらす。これは今後の移民を積極的に受け入れ、街として転換期にある新大久保をコリアンタウンからアジアンタウンへ昇華させる建築となる。

「自発的、自律的に居住環境を形成するための余白計画」 部分2階平面図

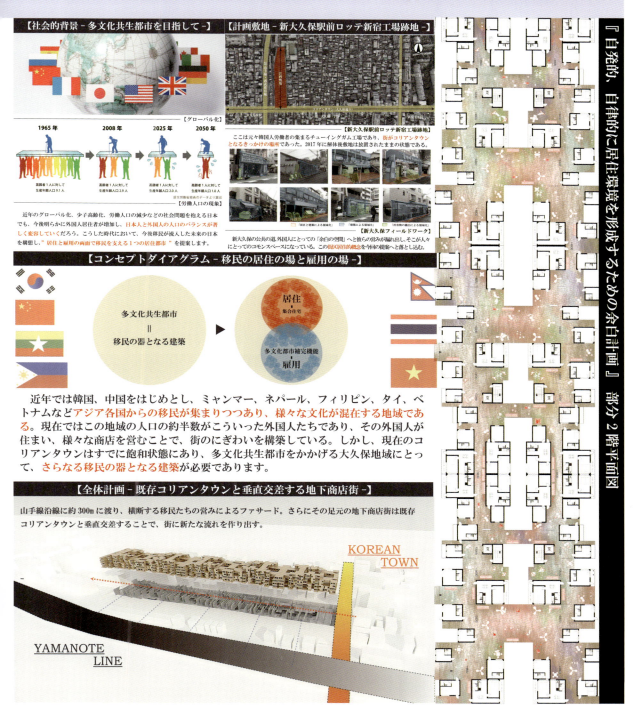

【社会的背景 - 多文化共生都市を目指して -】

【計画敷地 - 新大久保駅前ロッテ新宿工場跡地 -】

ここは元々韓国人労働者の集まるチューイングガム工場であり、街がコリアンタウンとなるきっかけの場所であった。2017年に解体後敷地は放置されたままの状態である。

近年のグローバル化、少子高齢化、労働人口の減少などの社会問題を抱える日本でも、今後明らかに外国人居住者が増加し、日本人と外国人の人口のバランスが著しく変容していくだろう。こうした時代において、今後移民が流入した未来の日本を構想し、"居住と雇用の両面で移民を支える1つの居住都市"を提案します。

新大久保の公共の道、外国人にとっての"余白の空間"へと彼らの営みが溢れ出し、そこが人々にとってのコモンズベースになっている。この潜久居住的概念を今回の提案へと落とし込む。

【コンセプトダイアグラム - 移民の居住の場と雇用の場 -】

近年では韓国、中国をはじめとし、ミャンマー、ネパール、フィリピン、タイ、ベトナムなどアジア各国からの移民が集まりつつあり、様々な文化が混在する地域である。現在ではこの地域の人口の約半数がこういった外国人たちであり、その外国人が住まい、様々な商店を営むことで、街のにぎわいを構築している。しかし、現在のコリアンタウンはすでに飽和状態にあり、多文化共生都市をかかげる大久保地域にとって、さらなる移民の器となる建築が必要であります。

【全体計画 - 既存コリアンタウンと垂直交差する地下商店街 -】

山手線沿線に約300mに渡り、横断する移民たちの営みによるファサード。さらにその足元の地下商店街は既存コリアンタウンと垂直交差することで、街に新たな流れを作り出す。

KOREAN TOWN

YAMANOTE LINE

コの器

プログラム：集合住宅
構想／制作：4週間／3週間
計画敷地：大阪府羽曳野市西浦
制作費用：200,000円
進　　路：東京藝術大学大学院

三栄建築設計賞（2日目）

小西 隆仁
Takahito Konishi

千葉大学
工学部 建築学科
鈴木研究室

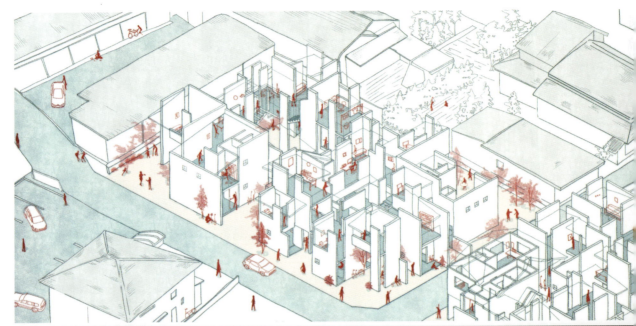

独り暮らしとなった高齢者をまちのコンテクストそのものと捉え、まちに住まおうとする新しい家族に対して、まちの記憶を共有する。一人に向かう個人と、独りになってしまった孤人の集合領域の提案。
建築の作りについて、ひとつは自身の経験や考えから発展した建築の概念的な部分[コ]とその概念を覆って顕在化するための方法としての部分[器]がある。個人主義的な生活像と高齢者増加による孤独を対照させることによって、これからの生活像を描く。
住む人々により建築の見え方や現れ方が変化し、同様の作り方を以ってすれば、新築だけでなく既存の改修にも対応可能だ。高齢者との共存の一つの解となるような建築を目指し、将来、高齢者という概念の境界性はぼやけ、その住み方自体に自然性が付与されていくことを予感している。

解体の庭 -家の集合体から部屋の集合体へ-

総合資格学院賞（2日目）

プログラム：住宅・集合住宅
構想／制作：10週間／4週間
計画敷地：東京都墨田区京島
制作費用：150,000 円
進　　路：日本大学大学院

松井 裕作
Yusaku Matsui

日本大学
生産工学部 建築工学科
岩田研究室

Site — 東京の下町の風景残る墨田区京島

今も残る京島の風景

敷地　　京島3丁目の年齢別人口分布図

Background — 「1住戸＝1家族」システムの崩壊

住人
空き家が増えることで人との関りの希薄化が進んでいる

空き家の所有者
解体するにもお金がかかり手が出せない

企業
不動産価値が高い土地にも関わらずマンションなどの分野で参入できない

Concept — 街並みを残しつつ持続可能なシステムの建築へ

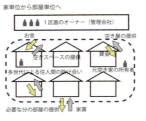

今までの住人
余ってる部屋を提供することで資金を得ることができる。今までと同じところで暮らすことができ子供を呼び寄せて一緒に暮らすことができる

新しく来る住人
最初は少ない家賃を払い子供ができれば部屋を増やすことができる

空き家の所有者
空き家を買い取ってもらい資金を得ることができる

近年、高齢化などにより「一住戸一家族」のシステムが崩壊を始め、空き家や空き部屋の発生から人との関りが少なくなっている。そこで、パッケージ化された家単位から部屋単位の持続可能なシステムの建築へ現在の景観を壊すことなく、住んでいる人はそのままに居ながら改修を行う。ケーススタディーとして敷地は昔ながらの風景を残す東京都墨田区京島の一区画を対象とする。新しい屋根をかけることで区画の内側から解体を行い、共用部を入れていき各部屋へのアクセスを可能にする。既存の部屋は離れとなり、解体され機能を失った屋根や塀が新たな人の居場所となるきっかけを与えていくことで共有部は庭のような人との関りを生む新たな場となる。

改修の流れ

Diagram

1.
東京の下町の風景が残る既存の住宅群の一区画。

2.
既存の上に屋根をかけることで外部を内部に取り込み街区の内側から解体することを可能にします。

3.
景観を残すように区画の内側から解体し住環境の改善とともに共有部を入れていく。

4.
コアとなる LDK の部分を確保もしくは再編成する。

5.
既存の廊下をつなぎ既存の各部屋へアクセスできる動線を確保し、部屋単位のシステムの建築にする。

6.
機能が解体された屋根などに人が居るきっかけを与えていく共有部は人との関りの場となる。

3階 平面図

2階 平面図

1階 平面図

■ LDK のコアとなる部屋
■ 必要に応じて借り増しできる部屋

バックナンバー

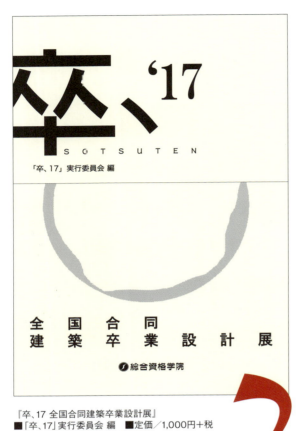

『卒、17 全国合同建築卒業設計展』
■「卒、17」実行委員会 編　■定価／1,000円＋税
■判型／B5判　■発行／総合資格

「卒、17 全国合同建築卒業設計展」

昨年開催された本設計展の情報が満載の記録集。本作品集でも、1日目・2日目全ての審査員の総評を掲載しており、最優秀賞の作品が両日とも同じであった2018年度とは異なり、2017年度は受賞作品がほぼ重ならず、審査員の着眼点やこだわりなど、評価軸の多様性が特に感じられる一冊となっています。

[1日目審査員]
菅原大輔（SUGAWARADAISUKE建築事務所）、種田元晴（種田建築研究所）、宗本晋作（宗本晋作建築設計事務所）、吉村靖孝（吉村靖孝建築設計事務所）

[2日目審査員]
倉方俊輔（大阪市立大学准教授）、鈴野浩一（TORAFU ARCHITECTS）、冨永美保（tomito architecture）、西田司（オンデザインパートナーズ）

「卒、」作品集に関するお問合せやお求めは、総合資格学院 出版局へ

TEL.03-3340-6714　FAX.03-3340-2809
※この他にも、全国各地の設計展の作品集を多数刊行しています。
詳しくは出版サイト（http://www.shikaku-books.jp/）をご覧ください

第 3 章

出展作品

烈風のマディーナ
- 大地を纏い広がる都市 -

建物が繋がって増殖することで地表の上にメッシュ状の構造物を作る。斜め壁は砂を纏うことで穴や影の形が変わり、風景に変化を与える。ボリュームの隙間は風や光の通り道となり、建物が作る大きな影は街の共同空間となる。建物が砂に覆われると街は地形の一部になり、あらゆる生物の往来を可能にする。砂漠の力を受け入れ、新たに生活空間を創る建築・都市 - マディーナ - の提案。

小室 昂久
Takahisa Komuro

日本大学
生産工学部 建築工学科
岩田研究室

プログラム：
集合住宅

構想／制作：
12週間／6週間

計画敷地：
エジプト
アインスクナ

制作費用：
100,000 円

進路：
日本大学大学院

世界に広がるジェネリックシティ、どこでも同じ建物が建ち、都市は個性を失う。場所の原風景を残したまま街を広げることはできないだろうか。その場所の素材と共に、風景を纏う建築を提案する。

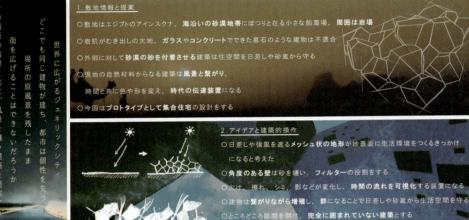

1. 敷地情報と提案
- 敷地はエジプトのアインスクナ、海沿いの砂漠地帯にぽつんと在る小さな船着場、周囲は岩場
- 岩肌がむき出しの大地、ガラスやコンクリートでできた墓石のような建物は不適合
- 外部に対して砂漠の砂を付着させる建築は住空間を日差しや砂嵐から守る
- 現地の自然材料からなる建築は風景と繋がり、時間と共に色や形を変え、時代の伝達装置になる
- 今回はプロトタイプとして集合住宅の設計をする

2. アイデアと建築的操作
- 日差しや強風を遮るメッシュ状の地形が地表面に生活環境をつくるきっかけになると考えた
- 角度のある壁は砂を纏い、フィルターの役割をする
- 欠け、擦れ、シミ、影などが変化し、時間の流れを可視化する装置になる
- 建物は繋がりながら増殖し、群になることで日差しや砂嵐から生活空間を守る
- ところどころ隙間を開け、完全に囲まれていない建築とする
- 閉じた箱ではなく街と接点を持つような、集落のような空間をつくる

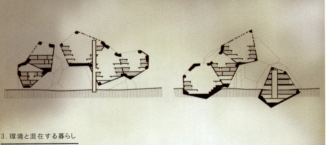

3. 環境と混在する暮らし
- 大地が隆起したような建築、水盤は空が映り、天井に反射した水面が映る、自然の混在に囲まれた空間になる
- 地下に埋まったボリュームは、地下水を利用した街のオアシスになる
- 白い壁や水盤が、絞られた光を内部で拡散させる
- ボリュームの隙間が人、光、風の通り道になる

敷地の周辺は剥き出しの岩肌

すり鉢状の住戸

街のオアシス

大きな日陰は子供の遊び場、オープンマーケット

砂漠に現れた街

邂逅する十一ノ景
- 酒蔵が醸造する世界 -

新潟県南魚沼市雷土は歴史的田園風景を営み、稲作・酒造により支えられてきたが、日本酒認知度の低下による消費量減少、少子高齢化による後継者不足により酒蔵の閉蔵と伝統産業の衰退に直面している。酒造工程・斜面地標高差・四季変化による景に邂逅し、日本酒の魅力は醸造される。

大沼 謙太郎
Kentaro Onuma

日本大学
生産工学部 建築工学科
岩田研究室

プログラム：
酒蔵

構想／制作：
6ヶ月／10日

計画敷地：
新潟県南魚沼市

制作費用：
150,000 円

進路：
日本大学大学院

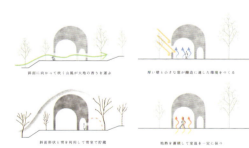

拝啓○○様.
– 時に囲まれた あなたの居場所 –

敷地は川越の伝統的建造物群保存地区の一画。観光地化に伴い多くのテナントが出店する通り沿いと、その奥にひっそりと暮らす旧来の住民という構図に着目した。保存の対象である街区の表皮には手をつけずに、街区の内部に住民のための施設を新築。街区全体の住民に対するヒアリング調査によってそこに居る人たちの希望を紡ぎ出し、今は無い煉瓦造の防火壁と絡ませながらそれを実現する提案。

外山 純輝
Junki Toyama

日本大学
生産工学部 建築工学科
篠崎研究室

プログラム：
なし

構想／制作：
10週間／2週間

計画敷地：
埼玉県川越市

制作費用：
300,000円

進路：
日本大学大学院

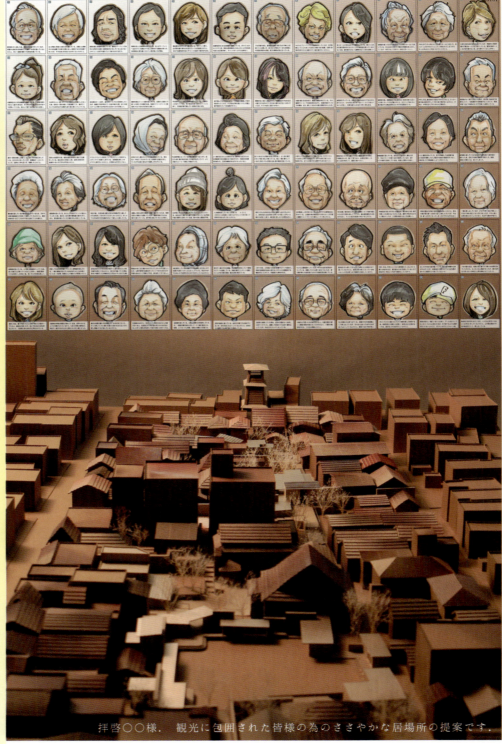

拝啓○○様．観光に包囲された皆様の為のささやかな居場所の提案です．

下北沢 node
- 変わりゆく下北沢と小劇場文化を結ぶ宿泊施設の計画 -

演劇の街として知られ、都市計画道路など、今後の整備によって街並みが変わっていく下北沢に「演劇」をテーマとした宿泊施設を計画する。
本提案では、小劇場と街の繋がりからなる演劇人のコミュニティに着目し、建築空間を構成することで、街並みや文化を継承し、これからの下北沢へと昇華していく建築を提案する。

東 紀史
Norifumi Higashi

日本大学
理工学部 建築学科
今村研究室

プログラム：
複合施設

構想／制作：
20週間／4週間

計画敷地：
東京都世田谷区
北沢

制作費用：
70,000 円

進路：
日本大学大学院

■ Concept

■ 計画敷地を取り巻く3つの軸線

（1）小田急線上部利用による軸線
　小田急線上部は現在世田谷区と小田急電鉄による整備が計画されており、この軸線が下北沢に新しい人の流れを作る。
（2）都市計画道路の整備による軸線
　小田急線の上部利用と併せて計画されている都市計画道路補助54号線は、幅員が最大26mにもおよび、この道路による周辺の建築物の高層化などが予想される。
（3）計画敷地に接する2つの商店街による軸線
　計画敷地は東通り商店街と一番街商店街の2つの商店街の端点を結ぶ位置にあり、周辺の整備による新しい街の流れに対して、これらの下北沢が本来持っている賑わいや人の流れを結びつけることで新しい下北沢賑わいをつくり出す。

■ 変わりゆく街並みの中での建築の在り方

■ 都市計画道路の出現
既存のスケールとは異なる広大な道路が計画敷地の前に現れる。

■ 拠点となる建築の提案
既存の低〜中層の街並みの中で、この建築は存在感が高層化し、下北沢の演劇文化の拠点としてランドマーク的な存在となって現れる。

■ 都市計画道路沿いの高層化
やがて都市計画道路に沿って周囲の街並みが高層化したとき、この建築は拠点性に加え、高層建築とその裏の街並みを結ぶ新しい価値を獲得する。

■ 下北沢と小劇場の関係性を建築に引き込む

・劇場とホワイエの関係性

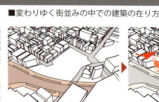

ホワイエは劇場に訪れた人々の溜まり場であり、居場所である

・下北沢と小劇場の関係性

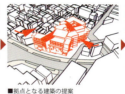

下北沢の街並みが小劇場のホワイエとして賑わう

・建築へ変換

引き込まれるシモキタ的な賑わいによって各機能が接続される

■ Section

■ 居場所のグラデーション
断面構成として、下層部は商店街の延長として計画し、中層に小劇場を設け、上層に上がるにつれて演劇の稽古場や制作場といった専門的な室を配置すること演劇人たちの居場所性が段階的に高まっていく。

■ 断面的に作用する空間
客室や共用部からなる宿泊部門と小劇場やギャラリーなどの演劇部門の空間が断面的に関わりあうことで相互作用を生み出す。

■ 新しいパブリックスペース
昼間はオープンスペース、夜は呑み屋街として、宿泊客と演劇人が一緒になって集うこれからの"シモキタのパブリックスペース"を展開する。

■ 街のホワイエ
商店街から賑わいを引き込み、内部には下北沢のホワイエとなる中庭空間を設け、ここから見上げると演劇人たちのアクティビティが垣間見える構成とする。

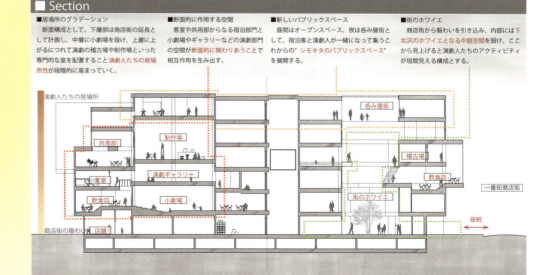

終の建築
- 故人を送り出す火葬空間 -

故人を思い送り出すための最後の建築として火葬場の設計をする。
効率重視な計画が多かった火葬場は、今となっては動線や空間を会葬者の感情を主軸に考えるべき建築となった。葬儀を行う火葬場を故人を送り出すことに軸を置き、すべての会葬者に共通する感情に適した空間を設計する。人の最後の建築にふさわしい場所で大切な人を見送ってほしい。

田村 隼人
Hayato Tamura

日本大学
理工学部 建築学科
今村研究室

プログラム：
火葬場

構想／制作：
20 週間／4 週間

計画敷地：
東京都台東区谷中

制作費用：
100,000 円

進路：
日本大学大学院

エントランス　進入動線　受付ロビー
斎場へ　斎場　炉前ホールへ
炉前ホール　テラスへ　告別室
屋上　退場口

■動線計画

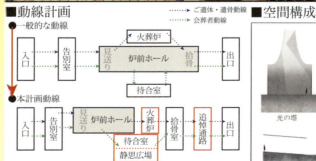

　火葬炉はヨーロッパで見られる前入れ後ろ出し方式の火葬炉を使用し、日本の葬儀に合わせた計画を一筆書き動線を構築する。また、火葬時に会葬者の心情に合わせて空間を選択できるように、賑やかになりがちな待合と、一人で心を落ち着かせる静思テラスを設ける。拾骨後、最後の空間である追悼展望台に昇る。ここで葬儀の一つである追悼を行い、火葬した故人の身体に最後の一礼をする。

■空間構成

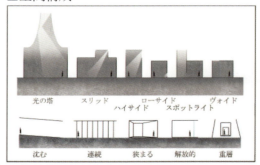

光の塔　スリッド　ハイサイド　ローサイド　ヴォイド
　　　　　　　　　　　　スポットライト
沈む　連続　狭まる　解放的　重層

■敷地概要

計画敷地　東京都台東区谷中霊園
敷地面積　4,543㎡
容積率　　300%
建ぺい率　70%
建築面積　1925㎡
延床面積　7529㎡

アグリカルチャー・リサーチコンプレックスセンター
- 築地市場跡地計画として食文化発信施設群提案 -

日本は、豊かな四季がもたらす自然に寄り添って生きてきた。自然の美しさを表現し、四季と調和した文化として「和食」が生まれた。和食の中心地として常に日本を支えてきた築地市場。2018年秋、その歴史に幕を閉じ、食の中心地が失われようとしている。本計画では新たな食の中心となる施設を築地市場跡地に設け、日本独自の文化である和食を発展、発信させる複合施設を提案する。

藤山 翔己
Shoki Tohyama

日本大学
理工学部 海洋建築工学科
小林研究室

プログラム：
複合施設

構想／制作：
4週間／4週間

計画敷地：
東京都中央区築地

制作費用：
70,000円

進路：
日本大学大学院

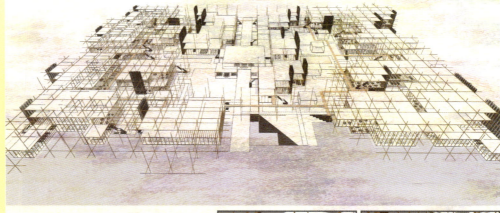

・和食文化宿泊施設
研究者と外国人をターゲットにした和食を学び発信することができる施設

・和食飲食店街
食を学び実際に体験することができる施設

・和食研究所
和食に関する様々な研究を行い和食文化を発展させる施設

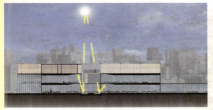

芸術発展都市
– ART を通した コミュニケーション –

高度経済成長の日本の大規模再開発の形が今もなお行われている。
これから日本は超高齢化社会を迎え、人口は減少の一途をたどる。
高齢者は社会から孤立しやすい。
これからの再開発には人との繋がりが持てる建築、
世代を超えたコミュニケーションを大切にできる空間を作るべきである。

星野 智美
Satomi Hosino

日本大学
理工学部 海洋建築工学科
小林研究室

プログラム：
複合施設

構想／制作：
12 週間／8 週間

計画敷地：
東京都新宿区
西新宿 3 丁目

制作費用：
40,000 円

進路：
日本大学大学院

concept
『アートによるコミュニティー』
1 コミュニティーの場の提供
・高齢者から若いファミリーまで
様々な世代間のコミュニティーを促進
2 地域の特性を生かしたまちづくり
・西新宿3丁目を文化発信の場所として発展させる
・昔の風景を取り戻す

Diagram

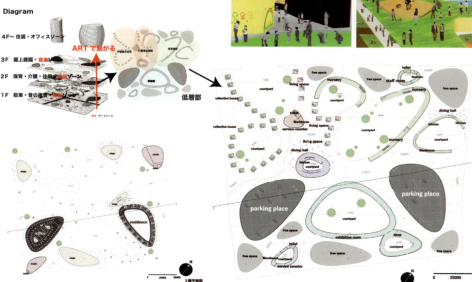

祭りに染まる隙

まちの中で偶然生まれる空き地や駐車場等の隙空間。それらは、時には祭りを受け入れ、またある時は子供の遊び場として機能する。隙空間の形状から生まれる建築によって、子供たちと衰退する祭りをつなぐ場を提案する。

金井 亮祐
Ryosuke Kanai

日本大学
理工学部 海洋建築工学科
佐藤研究室

プログラム：
展示施設

構想／制作：
3週間／2週間

計画敷地：
栃木県栃木市

制作費用：
40,000円

進路：
日本大学大学院

栃木市で子供たちの遊び場となっている、空き地や駐車場などのまちの中の隙間の様な空間をサンプリングし、形状を敷地内に当てはめながら、祭りの山車の展示空間をつくることで、子供が遊ぶ中で自然に山車と接点を持つような場をつくる。

サンプリングした隙間空間の道と敷地に隣接する道を繋げるように、サンプルを配置。

サンプルから観測された壁を立ち上げ、隙間の様な空間性を生み出す。

壁の内側に祭りの山車を展示することで、子供が遊ぶ空間と山車の接点をつくる。

こどもたちの場

医学の進歩により、たくさんの命が救われるようになってきたが、その一方で退院後も医療器具の助けが必要なこどもが増えている。そういった子供やその家族にとって居場所となる場は家の中にしかなく、社会から孤立してしまう。そこで難病児が子供らしく過ごせる場、「こどもホスピス」を提案する。そこに街の子供達が利用できる図書館を融合させる。

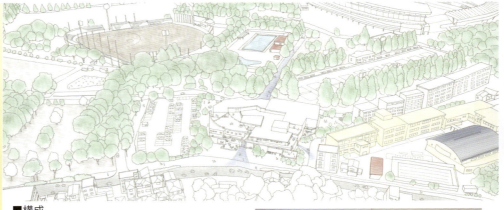

福永 有花
Yuka Fukunaga

東京理科大学
理工学部 建築学科
安原研究室

プログラム：
福祉施設、公共施設

構想／制作：
10週間／2週間

計画敷地：
神奈川県川崎市
中原区

制作費用：
90,000 円

進路：
東京理科大学大学院

■構成

こどもホスピスは縦動線をコアでつなげ、スタッフの迅速な動線計画を考える。

こども図書館は子供達が自由に動き回れるようにスキップフロアにする。

等々力緑地、小学校、住宅街と異なる要素を持つ敷地から道を引き込むことで、公共的な場も生まれる。

コアは構造となっており、異なるプログラム同士が立体的に構成される。

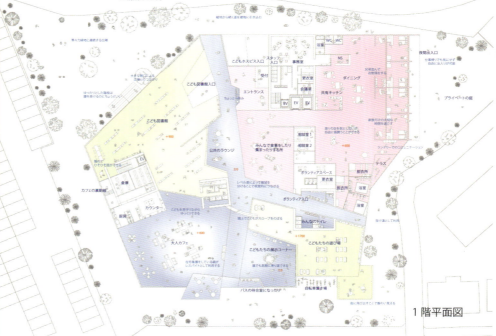

1階平面図

小さくて大きい

ひとまわり小さな空間は、余白としてそこに存在する。それは時に空間を分け、時に周辺環境を引き込み、時に空間を拡張させる。ひとまわり小さな空間を形成しつつ、閉じられた教室の形態を崩すことで、活動のすべてが教室だけに留まらない豊かな小空間に囲まれた小中学校を提案する。小さな空間が空間の可能性を広げ、小さいことが生み出す関係性は大きくなる。小さくて大きい。

姫野 滉一朗
Koichiro Himeno

東京理科大学
理工学部 建築学科
安原研究室

プログラム：
小中学校

構想／制作：
11週間／1週間

計画敷地：
東京都新宿区
四谷4丁目

制作費用：
100,000 円

進路：
東京理科大学大学院

門型のフレームを雁行させ組み合わせることでできる曖昧な境界の余白をつくりつつ空間を形成する。あらわれた余白は交錯した空間の環境やアクティビティを引き込む受け皿となり、ハコの内部に留まっていたアクティビティが緩やか且つ大胆に全体へ展開される。

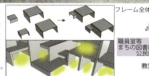 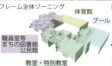 

900mmの段差を本棚の家具スケールのものをかけあがる。移動手段としてだけでなくあらゆる場所がアクティビティ誘発の場となりうる。

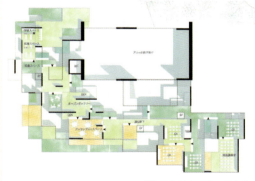

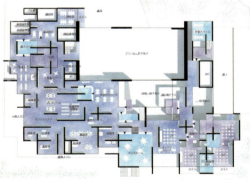

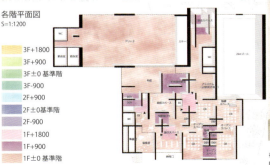

各階平面図
S=1:1200

- 3F+1800
- 3F+900
- 3F±0 基準階
- 3F-900
- 2F+900
- 2F±0基準階
- 2F-900
- 1F+1800
- 1F+900
- 1F±0 基準階

門型のフレームによってできた小さな空間は子どもたちにとって洞窟のような存在だったり、教師と生徒が授業後に気軽に会話できる場だったり、外部と内部を接続し心地の良い憩いの場となり得る。

台風の目
- 地方中心市街地における新たな公共インフラストラクチャーの提案 -

さびれゆく街、群馬県前橋中心市街地に、都市や人々を繋ぎ支える、力強い空間をもった公共インフラストラクチャーを提案する。スクラップアンドビルドの建築ではなく、建築が部分的に変わりながらも長くその場に存在し続ける仕組みと、今まで町になかった質の環境となる大きな公共建築が都市の新たなインフラ的存在となり街をアクティベートし、新たな風景を作っていく建築の提案である。

太田 孝一郎
Koichiro Ota

東京理科大学
理工学部 建築学科
安原研究室

プログラム：
複合公共施設

構想／制作：
12週間／1週間

計画敷地：
群馬県前橋市
千代田町2-8番街区

制作費用：
50,000円

進　路：
東京理科大学大学院

01　敷地　〜群馬県前橋市中心市街地8番街区〜

敷地は前橋市中心市街地8番街区、駅前から少し離れたところに位置する中心市街地は空洞化、衰退が深刻である。現在は中央駐車場として商店街で買い物をする人によって使われており、中心市街地のエントランス的な立地となっている。

02　提案

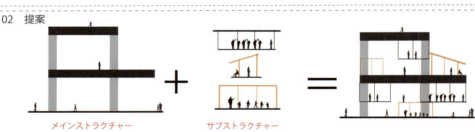

二つの構造の仕組み、おおらかなスケールで都市の環境となるインフラ的なメインストラクチャーに人の居場所、活動の場となる性能を持った可変性のあるサブストラクチャーが寄生していくことによって構成される常に未完ではあるが、秩序ある途中性をもった公共建築を提案する。

・広場を内包する形式

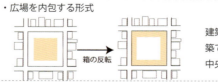

建築の骨格となるメインストラクチャーの形状は箱のような建築ではなく、街の様々なアクティビティを許容するよう建築の中央に広場を設ける形式とする。

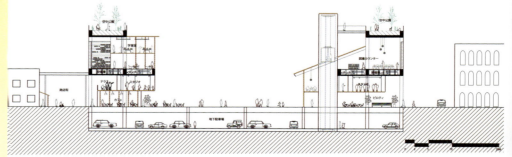

私たちの居場所

近年、「墓参り」という一日を使った行為の中で墓に滞在する時間は短くなっている。カロート式の墓地や都心部で多く見られている納骨堂などの現代の墓の姿は、故人や普段会わない親族との再会の場所ともなりうる空間として本当に適しているのであろうか。より普段の生活に馴染みのあり、且つ私たちの生活に統合する都市に開いた墓を提案する。

盛田 瑠依
Rui Morita

東京理科大学
理工学部 建築学科
安原研究室

プログラム：
宗教施設

構想／制作：
２ヶ月／２ヶ月

計画敷地：
東京都港区
南青山２丁目

制作費用：
20,000円

進路：
東京理科大学大学院

私たちの居場所
Our whereabouts

敷地

敷地は既存の青山霊園立山墓地を対象とする。墓は日本の長い歴史の中で、その形式、在り方は更新されている。現代において新たな墓の在り方を提案するものとして、全く新しい土地に建てるのではなく、既存霊園の更新をすることで、現代の墓の形態に馴染ませていく。

周辺は表参道エリア、青山エリア、原宿エリア、赤坂エリアなどに囲まれており、オフィス、住宅街、商業施設へ向かう人々で賑わう。

構成ダイアグラム

i 一般的に見られるお墓は、墓石が均質的に並んでいる。

ii お墓を集約することで均質性が崩れ、余白ができる。

動線を考慮し、既存の木々と建物が寄り添うようにしていく。

平面図

参拝者だけではなく、地域住民や周辺へ買い物に向かう一般客などが都市の抜け道として利用できる。食事処やオープン会議としても利用できる礼拝堂を設けることで、従来の墓の暗いイメージを払拭し、明るい墓地へと変えてゆく。

表参道→赤坂方面へ移動する人々の抜け道

既存の木々が連なる。木陰の下では子供たちが駆け回り、カフェから親が見守る。

カフェのテラス席では人々がゆっくり流れる時を楽しんでおり、奥にゆくにつれて徐々に墓が広がる。

周辺に住む地域住民

管理事務棟
カフェ
広場
墓
礼拝堂

駅から訪れる参拝者

墓群が一体になる。
既存の木々を残し、内部・外部・半外部空間が連なる。

地域の人々が多目的に使える三つの礼拝堂。自然に囲まれ、集会やカウンセリングを開放的に進めることができる。

SCALE:1/1600

納骨棚を利用したデザイン

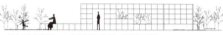

座ることができる　　人々が出入りする　　風景をのぞむ

墓地の居場所

中央広場では、地域の子供たちが駆け回る。

墓群から少し離れた場所で休む人

ガラス、格子棚、木々等様々なマテリアルが連続的に表れている。

買い物へ向かう友人との待ち合わせ場所となる。

格子棚を利用した外部と内部の連続性

木の影が死と生を対比している。

植物と建築の一体化

徐々に遺骨が納められていき、この墓地も満了になる時がくる。
だが、その時はおそらく植物に建築が侵食されており、死が確立すると同時に建築も本来の自然の姿へと帰依する。

10年後の墓地の姿。植物に侵食されつつある。

La Vita
- 市場を中心とした生活の芽出 -

大地震によって空白の時間が続いた被災地は、人々が戻り始めても大事なものが再開するまで時間がかかる。2009年の地震で受けたイタリア・ラクイラの歴史地区は、中心にあった住民にとって最も大切なマーケットを失っている。住民の台所を支え人々が顔を合わせるマーケットの開催場所、経済性が乏しい中で商人を支援するための複数の住居といった、修復後の用途変更を提案する。

橋本 欽央
Yoshio Hashimoto

東京理科大学
工学部 建築学科
伊藤研究室

プログラム：
商業施設・住宅

構想／制作：
6週間／2週間

計画敷地：
イタリア
アブルッツォ州
ラクイラ

制作費用：
25,000円

進路：
イタリア大学大学院進学予定

超克の櫓
- 未見との出会い、
それは町の新しい風景 -

僕が僕の生まれ育った町に目を向けたときに、必要になったのは、私たちの町を見るための櫓：郷見櫓（さとみやぐら）である。町の見え方を変え、この町にない見え方をつくり新しい気づきを与えてくれる装置である。それ自体が、或いは未見との出会いを果たした上での私たちのふるまいは私たちの町の新しい風景（見えるもの）となる。これは僕の思考プロセスの結果だ。

石原 拓人
Takuto Ishihara

東京理科大学
工学部第二部 建築学科
坂牛研究室

プログラム：
展望空間

構想／制作：
2ヶ月／3週間

計画敷地：
群馬県佐波郡
玉村町田んぼの中

制作費用：
30,000円

進路：
東京理科大学大学院

01：背景

「都市」や「街」ではなく（ローカルとしての）「町」に目を向けたことがあるだろうか。それはそこに暮らす私たちも同様である。
私たちは違和感やもどかしさといった、具体的には捉えられない思いというものを大なり小なり日常の中に感じたり持っていたりする。
僕は僕の生まれ育った町に目を向けたときにそれを感じた。具体性がないということは直接的アプローチでその払拭は図れない。
見方を変えてみることにした。町の見え方を変える、新しい視点を手に入れる。

04：機能なき多様な空間

自己のインスピレーションを元に左のようなパーススケッチを28点描き（特にテーマは決めない）、それらを分析する。

それらは自らが想像しうる範囲でかつ、リアリティを意識した現実空間である。自身が想像し得ないものがないのは明白。つまりスケッチ上には僕という存在が表れている。

スケッチの外側に着目してみる。そこには僕の限りある想像を超越し、僕自身にすら想像し得ない空間視野領域がある。（下図）
そうしたものでこそ郷見櫓は真にその役割を果たす。

07：結

郷見櫓は私たちの町の見え方を変える、この町にはない見え方をつくり新しい気づきを与えてくれる装置である。それ自体が、或いは未見との出会いを果たした上での私たちの町でのふるまいはこの町の新しい風景（見えるもの）となっていく。
以上のようなProcessを進めていくにつれ、僕は様々な気づきを得た。表面化した自己の思いは、私たちへの還元とともにいつしか払拭され、郷見櫓は僕にとっての「超克の櫓」となる。

文交結節点
- 都市の記憶を紡ぐ高架下住居 -

東京の都心を走る首都高速道路。その高架の存在は異質なものであるものの独特の景観や風景を作り出している。
そこで敷地とした箱崎JCT周辺の高架下空間を継承・保存させる建築的解答を模索した。敷地周辺の街並みの変化を糸口に土木的スケールに建築的スケールを介入し、店舗兼住戸と短期滞在用の住戸、ギャラリー空間を提案する。

本多 希
Nozomu Honda

東京理科大学
工学部第二部 建築学科
坂牛研究室

プログラム：
集合住宅

構想／制作：
3週間／3週間

計画敷地：
東京都中央区

制作費用：
70,000 円

進路：
東京理科大学大学院

「高架下につくられる新たな場所」
今まで閉鎖的で、余剰空間と化していた高架下空間に「人の営み」から生まれた建築的ボリュームの集積が様々な場所を作り出す。
それが高架の空間性の継承と失われつつあるこの街の記憶をも紡いでいけるのではないだろうか。

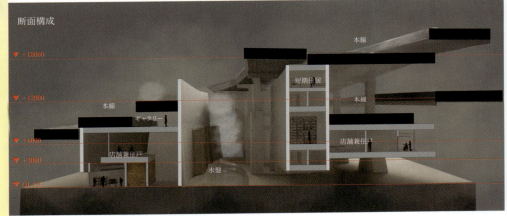

背景

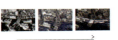
失われるかもしれない高架の存在

スケール間のズレが作る余剰空間

街を遮断してしまっている存在

再開発により、失われる街の名残

建築的操作

高架の線が生むヴォイドとボリューム

多柱空間を継承する構造体の挿入

暗い印象をかえる材料

抜けを作る

空間

相対する指標
— 茶室的構築により現代建築を再構築する —

わずか二畳の空間がどんな空間よりも豊かに感じた。
経済万能思考が豊かさの指標となっている現代都市は人のための空間ではなく、資本のための空間となってしまった。新たな豊かさを求めて、「住宅・カフェ・コンビニ」を茶室的構築によって再解釈する。

▲堀口捨巳（1895-1984） ▲著書「利休の茶室」

『茶室は茶会のための建築設備であるが、
　茶会だけでは述べることができない特殊建築である』
『茶の湯の思想は茶室の思想背景をなし、茶の湯の制約は、
　茶室を建築的に直接規定する』
　　　　　著書「利休の茶室」から引用

大杉 亮介
Ryosuke Osugi

千葉大学
工学部 建築学科
上野研究室

プログラム：
住宅・カフェ・コンビニ

構想／制作：
12週間／3週間

計画敷地：
特になし

制作費用：
150,000円

進路：
千葉大学大学院

【現代における必要性】

【設計手法】

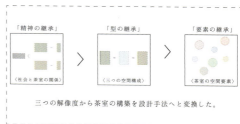

三つの解像度から茶室の構築を設計手法へと変換した。

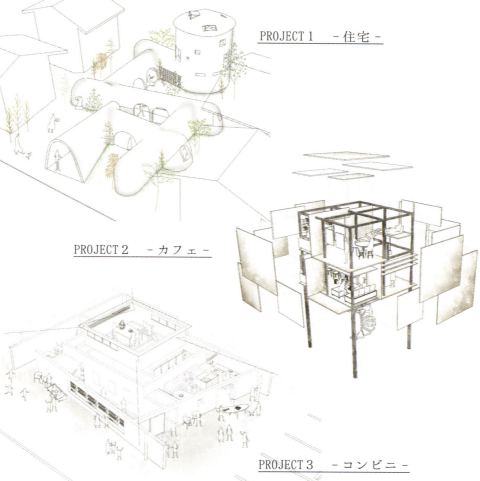

PROJECT 1 －住宅－

PROJECT 2 －カフェ－

PROJECT 3 －コンビニ－

51

振る舞いを紡ぐ
- 変わりつつある商店街の未来 -

観光地化が進みテーマパークのような町において、住民と観光客の在り方は問題とされてきた。町の賑わいから取り残された住民と、外部資本、観光客の関係を再編し、住民の生活と観光が寄り添う町の在り方を提案する。
表通りに対して街区内部を改修し、裏通り、宿泊施設、デッキが住民と観光客の振る舞いを紡いでいく。

石井 康平
Kohei Ishii

千葉大学
工学部 建築学科
中山研究室

プログラム：
商業、宿泊施設

構想／制作：
4ヶ月／4週間

計画敷地：
埼玉県川越市
一番街商店街

制作費用：
100,000 円

進路：
千葉大学大学院

Transition

交通機関の発達により身体の遠距離移動が容易になった20世紀。人々の一日における移動量は圧倒的に増大し、家は寝るためだけの小屋となり隣人とのかかわりも薄れていった。情報技術が発達した今、人が移動せずとも買い物・仕事ができるようになった。人々の家での滞在時間は再び長くなり、隣人との関係も昔のように近くなる生活が戻ってくる。

熊田 翼
Tsubasa Kumada

千葉大学
工学部 建築学科
岡田研究室

プログラム：
職住一体集合住宅

構想／制作：
5週間／3週間

計画敷地：
千葉県成田市中台

制作費用：
150,000 円

進路：
未定

01 -problem-

「自然に恵まれた島国日本に
今の暮らし方は適しているのか？」

02 -potential-

新しい働き方〜在宅勤務〜

在宅勤務は「テレワーク」という働き方の一つに位置づけられる。
テレワーク＝離れた場所（テレ）で働く（ワーク）
↑ＩＣＴ（情報通信技術）を活用した場所や時間にとらわれない柔軟な働き方
在宅勤務はその中でも「雇用型在宅型テレワーク」と定義される。

03 -consept-

長年日本社会へ根付いていた東京一極集中・通勤制度を打開するため新しく生まれる**職住一体生活**とその**住居空間モデル**の提案

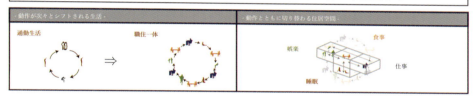

-半屋外空間-　-大階段-　-大空間-　-広場-
-中庭-　-work space-　-play space-　-屋上 work space-

波と人をつなぐ、サーフィンと人をつなぐ道

海外では世界的ブームになっているサーフィンは、2020年東京オリンピックの公式種目に決定されたことによって大きな転換期を迎えつつある。しかし、サーフィンという競技自体を実際に知っているという人は少ない。本設計では陸から海への道にサーフィンの動作を行う上で体験する空間を建築に落とし込み、サーフィンの本質を知るための機会を創出する。

北川 駿介
Shunsuke Kitagawa

千葉大学
工学部 建築学科
鈴木研究室

プログラム：
空間体験施設

構想／制作：
2週間／3週間

計画敷地：
神奈川県茅ヶ崎市
浜須賀

制作費用：
200,000 円

進 路：
千葉大学大学院

■陸から海への道
本設計で私はサーフィンというもの、そして素晴らしさをより多くの人に伝えるため、陸から海へと続く道を設計する。この道にサーフィンを行う上で体験する空間を建築に落とし込み、通る人は知らぬ間にサーフィンを体験する。また、ここではメディアやツールを通した表面上のサーフィンでなく、より本質的なサーフィンに触れる。

■動作の抽出
サーフィンと聞くと波に乗っている状態が真っ先に頭に浮かぶだろう。しかし私の考えるサーフィンは海で行う動作全てがサーフィンの一部であり、全て揃って初めてサーフィンだと私は考える。時に波にうまく乗れ、時にうまく乗れない、それがサーフィンである。本設計では普段表には出ない動作も抽出する。

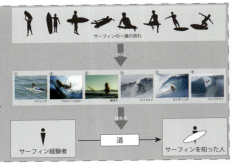

■ダイアグラム

③ 波待ち空間

② ドルフィンスルー空間

① パドリング空間

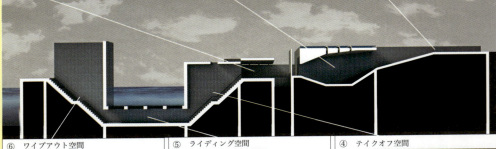

⑥ ワイプアウト空間

⑤ ライディング空間

④ テイクオフ空間

圕（としょかん）
余白のためのプロトコル

図書館建築が、ハードの機能として人のためにできることは何だろう。
人が「居る」ための図書館空間について考える。
図書館の中で人が何を感じ取っているのかを考察し、それらを元に空間を作っていく方法を考えた。そしてデザインプロトタイプ及び東京駅周辺を対象としたモデルプランを作成した。

新井 育実
Ikumi Arai

千葉大学
工学部 建築学科
柳澤研究室

プログラム：
図書館

構想／制作：
10週間／3週間

計画敷地：
東京都千代田区
東京駅周辺

制作費用：
100,000円

進路：
千葉大学大学院

まちのスタンド
- 東京スタジアムの記憶 -

地域住民の日常生活における拠り所となるような新しいスポーツ施設のあり方を提案する。かつて区民の娯楽空間であった東京スタジアム。しかし現在では失われた外部に溢れ出す賑わい空間。そこで、かつての賑わいの記憶を想起させ、スポーツが地域コミュニティをつくり、つないでいく。個の活動の中に別の活動の風景が垣間見えることで、多くの人に使われ、賑わいで溢れていく。

坂野 智輝
Tomoki Sakano

法政大学
デザイン工学部 建築学科
赤松研究室

プログラム：
スポーツ施設

構想／制作：
3ヶ月／1ヶ月

計画敷地：
東京都荒川区
南千住6丁目

制作費用：
100,000 円

進路：
法政大学大学院

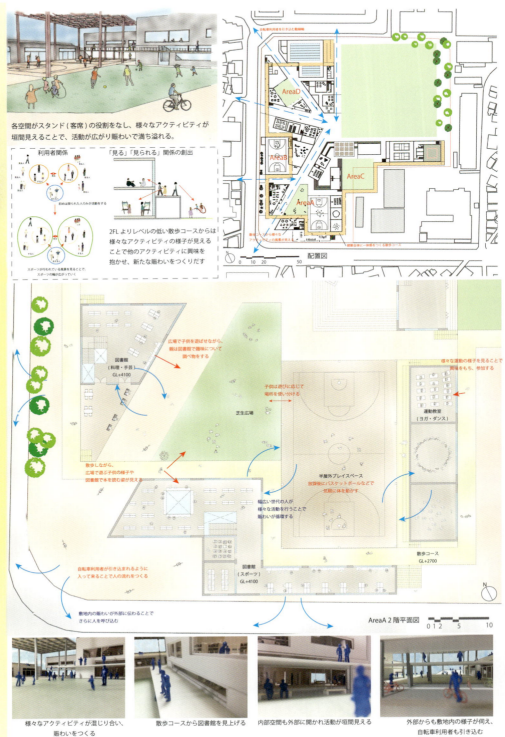

3+1 町家
- 地方中心市街地における町家の再編 -

かつては城下町として栄えた福島県白河市旧奥州街道。衰退した地方中心市街地にまちに埋もれた職人が集積する町家を提案する。4間の敷地割りを3間＋1間と組み替える。1間は3間をつなぐバッファーゾーンとなり、複数の敷地を横につなぐ。複数棟の町家に面的なネットワークを作ることで他者と積極的に接する職住一体型の暮らしが見出せると考えた。

丸山 泰平
Taihei Maruyama

法政大学
デザイン工学部 建築学科
渡邉研究室

プログラム：
職住一体型町家

構想／制作：
2ヶ月／1ヶ月

計画敷地：
福島県白河市本町
商店街

制作費用：
80,000円

進路：
法政大学大学院

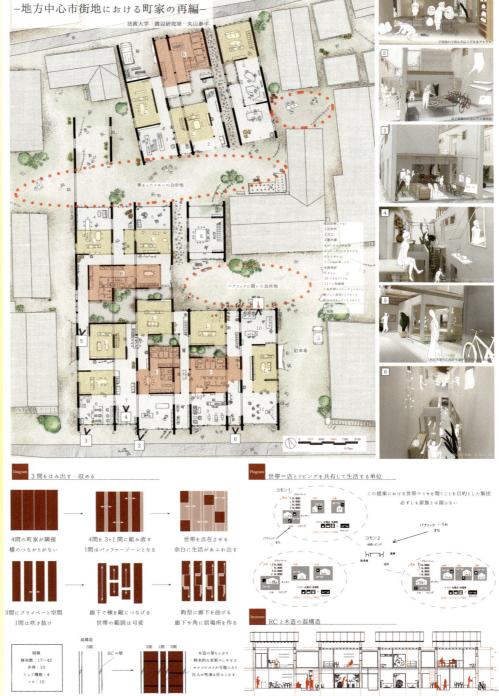

日本橋から始まる水辺再生

敷地の日本橋は上空を首都高が覆い、暗い水辺空間だが2020年から首都高が地下化される予定だ。首都高がなくなったことをきっかけに日本橋から水辺再生のプロトタイプとなる建築を提案する。川に浮き立つ屋外劇場、浮かぶカフェや憩いの場、水辺の風景を取り合うように張り出す店々。川を含め1つの空間として設計することで川に日本橋の賑わいが溢れ出す。

川田 夏実
Natsumi Kawata

東京都市大学
工学部 建築学科
堀場研究室

プログラム：
公共複合施設

構想／制作：
4ヶ月／2週間

計画敷地：
東京都中央区
日本橋1丁目

制作費用：
50,000 円

進路：
東京都市大学大学院

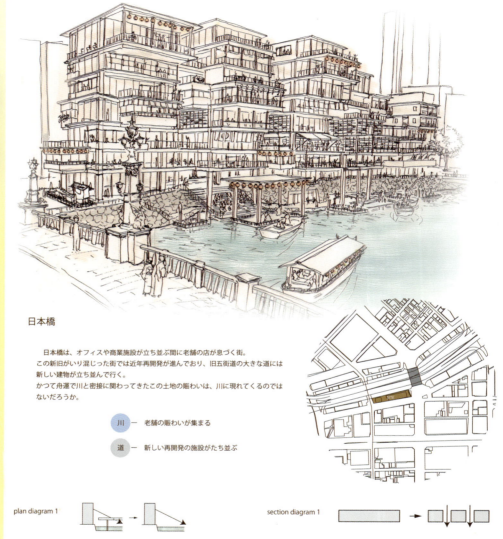

日本橋

日本橋は、オフィスや商業施設が立ち並ぶ間に老舗の店が息づく街。
この新旧がいり混じった街では近年再開発が進んでおり、旧五街道の大きな道には新しい建物が立ち並んで行く。
かつて舟運で川と密接に関わってきたこの土地の賑わいは、川に現れてくるのではないだろうか。

川 — 老舗の賑わいが集まる
道 — 新しい再開発の施設がたち並ぶ

plan diagram 1
plan diagram 2
section diagram 1
section diagram 2

屋外劇場　　　船着場　　　日本橋を眺める　　　川からみる

軒は連鎖する
解けて交わる暮らし

大きな街の庭から広がる軒が領域を解き、人々が交わる高齢者住居の提案。高校跡地の大きな街のvoidは人々の庭となり、そこに高齢者が住まうことでみんなで支え合い、一人ぼっちにならずに暮らす。互いの領域に介入する軒はやがて街に広がり敷地の領域を超え街に広がる。

矢田 寛
Hiroshi Yada

東京都市大学
工学部 建築学科
手塚研究室

プログラム：
公共施設

構想／制作：
8週間／2週間

計画敷地：
埼玉県川口市並木町

制作費用：
70,000円

進路：
アトリエ

みえない小学校

現在の小学校はセキュリティを重視しすぎるあまりまるで監獄のようである。そこで町の空き地に小学校を散らし町に溶け込ませ、地を這うように屋根を浮かせ道で繋ぐ。すると子供は授業を受けに町を練り歩き町が賑わう。屋根は軒をつくり、繋ぐ道は町に対して緩い坂や接点を持たせる。子供は町のことがわかり町は子供のことがわかる。町の風景の一部となった小学校はみえなくなる。

山道 崚介
Ryosuke Yamamichi

東京都市大学
工学部 建築学科
手塚研究室

プログラム：
小学校

構想／制作：
12 週間／2 週間

計画敷地：
神奈川県足柄下郡
真鶴町

制作費用：
80,000 円

進路：
東京都市大学大学院

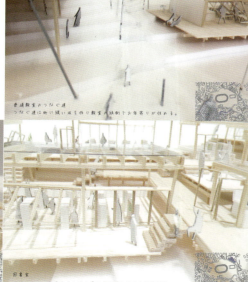

pando

pandoとは8万年生きる一つの根をもつ単一の生物としての森である。都心にはインフラ機能の余白である地下空間のための換気口や中央分離帯、高架下などの無人の風景が存在する。これらの都市の中に眠る風景に本質的な価値を見出しこれらを新たなアクティビティの場としての機能を加えてやることで新たな建築として迎え入れる。都市が呼吸する建築。

岸田 淳之介
Junnosuke Kishida

東京都市大学
工学部 建築学科
手塚研究室

プログラム：
公共施設

構想／制作：
8週間／1週間

計画敷地：
東京都新宿区

制作費用：
100,000 円

進路：
東京都市大学大学院

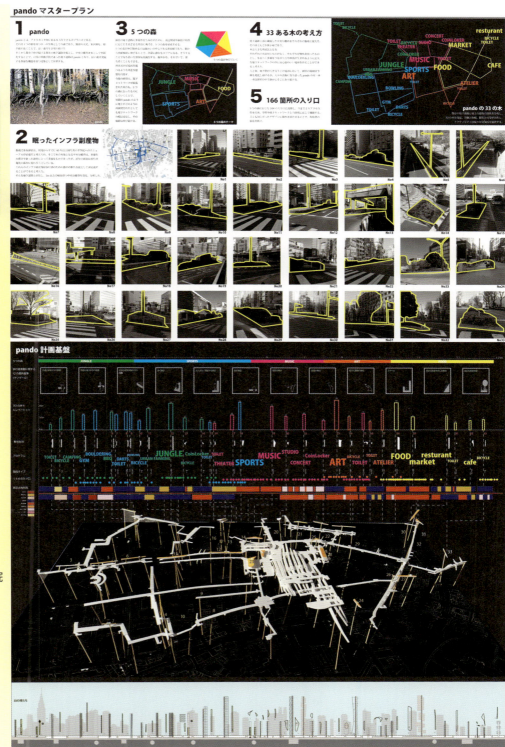

銭湯的都市空間

物理的空間を通してパーソナルスペースを破り、様々な人と居合わせることで、偶発的な人や環境の出会いや、バラバラなことを行いながらもある共有感がえられる銭湯的都市空間を提案する。敷地調査より池袋西口公園には芸術劇場との関係から銭湯的空間があることがわかり、今後都市開発により、その関係性は変わると考える。そこで、銭湯的空間を持った高層棟の低層部を設計する。

加藤 真璃子
Mariko Kato

日本女子大学
家政学部 住居学科
宮研究室

プログラム：
商業施設

構想／制作：
半年／2週間

計画敷地：
東京都豊島区
西池袋1丁目

制作費用：
80,000 円

進路：
未定

現代の私たち

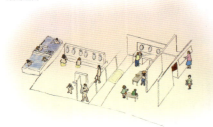
都市部　　　　　　　銭湯空間

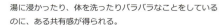
パーソナルスペースの強化により、外の人や環境の出会いをシャットアウトしている。　　　　　　　湯に浸かったり、体を洗ったりバラバラなことをしているのに、ある共有感が得られる。

模型写真

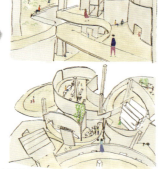
内観パース

まちにほどける混在郷
－ インフラ化する庁舎建築 －

電子化の普及により訪れる機会が減っている庁舎。冠婚葬祭を"公共"に取り込み、今後縮小・単純化していく庁舎建築を人々が行き交う豊かな場にしたい。様々な記憶を断絶・包含し、体験の断片をつなぎながら新しいインフラとしてまちにほどけていく道のような庁舎を提案する。

津田 加奈子
Kanako Tsuda

日本女子大学
家政学部 住居学科
宮研究室

プログラム：
庁舎

構想／制作：
12 週間／4 週間

計画敷地：
東京都北区王子

制作費用：
70,000 円

進路：
横浜国立大学大学院

都市を歩いているとふと個人の記憶を思い出したり、見知らぬ誰かの記憶に出会ったりする瞬間がある。このような建築空間として図面に記述されない都市の中で邂逅する風景は、個人あるいは集団の記憶が多層的に紐づいており、都市における公共建築は、これらを断絶しながらも包含していくことが必要であると考える。

敷地：北区王子駅周辺
様々な歴史的側面を持ち栄えた町であるが、自然地形や人工物によりまちまでの体験が断片化されている。

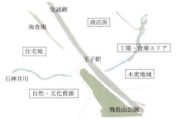

プログラム：庁舎
電子化が進み訪れる機会が減った庁舎建築の機能をほどき、冠婚葬祭のプログラムを取り込むことで、様々な人が行き交う豊かな公共をつくる。

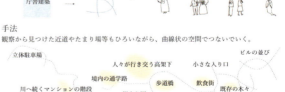

手法
観察から見つけた近道やたまり場等もひろいながら、曲線状の空間でつないでいく。

1 スロープでつながる分棟庁舎　　2 ロータリーの拡張　　3 新庁舎の増築

機能移転後は新たな公共スペースとなる

食堂から高速バスや電車の往来を眺める

誰かの記憶がまちの記憶として共有されていく

記憶の継承
- 産業遺産の再利用と死者への寄り添い -

大谷町の産業が死に絶えた。死に対して生を入れ込む。火葬場は死に寄り添う場である。それらには「生」「死」の関係性があり空間を構成している。私はそれらを体験して感じ、想う場として火葬場を設計した。
そこは死の再構築化をする想いの場である。

池田 匠
Takumi Ikeda

工学院大学
建築学部
建築デザイン学科
木下研究室

プログラム：
火葬場

構想／制作：
1ヶ月／1ヶ月

計画敷地：
栃木県宇都宮市
大谷町大谷砕石所

制作費用：
300,000 円

進路：
未定

SEQUENCE

1. 浄化橋

2. 導きの階段

3. 終焉の間

4. 記憶の道

5. 別れノ刻

6. 追葬の水

■ Concept

Step 1　■ Image - 具現化 -

Step 2　■ Etymology - 語源化 -

Step 3　■ Type - 形態 -

消えた海と町。

3.11の復興計画に伴い町に造られた10.8mの防潮堤はどこからでも海が見えた福島県広野町にドラマを生み出した。巨大な壁によって「海と町が消える」現象は、町が豊かな自然に抱かれていることを教えてくれる。普段無意識的なことに気づいてもらうために2つの建築は存在し2つを結ぶことで浮かび上がる海と山とを繋ぐ軸は、復興が進み大きく移ろうこの町に今必要な体験である。

日下 あすか
Asuka Kusaka

工学院大学
建築学部
建築デザイン学科
澤岡研究室

プログラム：
町のラウンジと
伝承施設

構想／制作：
3ヶ月／1ヶ月

計画敷地：
福島県広野町

制作費用：
220,000 円

進路：
東京藝術大学大学院

町と海とをつなぐ2つの建築

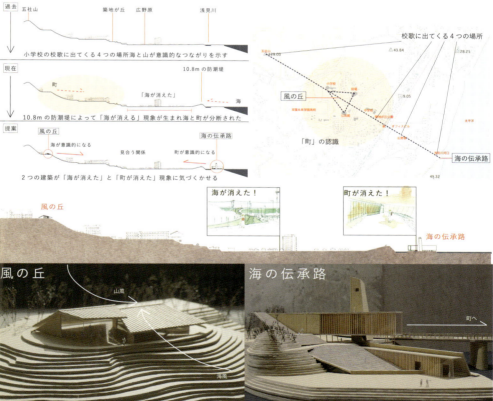

風の丘　　　　　　　　　　　海の伝承路

光に導かれ海の見える場所へ　　　　　　　　　　壁の向こうには海があった。そして振り返ると、、、
庇と床の水平材の操作で海の水平線を強調する　　町が消えていた！消えた町を見るため大階段を駆け上がる

心身を育む場
― 都市の中に森をつくる ―

子どもが一日の大半を過ごし成長するのはあそび場である。しかし今子供たちのあそび場環境は貧しくなっている。そこで五感を刺激するものとして敷地に森をつくり、その上で遊環構造、子どもの身体スケールを建築と遊具、そして場に落とし込み、空間での体感を通して、成長を促す場を計画する。

河野 祐子
Yuko Kono

千葉工業大学
工学部 建築都市環境学科
遠藤研究室

プログラム：
あそび場(森＋公園＋遊具＋屋外図書＋保育室)

構想／制作：
―

計画敷地：
東京都武蔵野市三鷹幼稚園跡地

制作費用：
65,000 円

進路：
千葉工業大学大学院

提案
対象を幼少期と児童期の子供にし、感覚機能、心理、身体機能を基にした「心身を育む」場とする。
方法は、森の中に必要な機能は建築としてではなく要素として落とし込み建築は最低限とし、ランドスケープと一体にする。森の中の要素の配置は遊間構造を基に行い、そこで過ごすことによって自然と心身を育む場とする。

空間構成
既存の果樹を基に構成された森に、遊間構造をもとに構成を行った。主に未就学児を対象とした預かり保育を行う保育室、泉幼稚園が所蔵していた図書による図書コーナー、子どもたちの好奇心を刺激するツリーハウスと高台、落葉広葉樹による落ち葉プール、密集した木々によるネットコーナー、隣接する小学校とをつなぐターザンロープ、さらに子どもたちの回遊性を促すための大きな遊具としてランニングサーキットとトンネルを配置した。

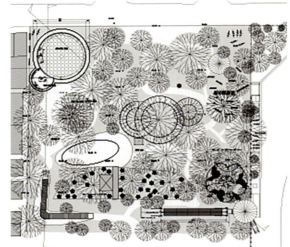

森のつくりかた
都市の中に森をつくるにあたって、既存の果樹に加え新たに植樹するその森を構成する樹種を重要視した。森をつくるには、ただ樹木を植樹するのではなく植生ネットワークを基に、その土地に適した樹種で構成する必要があるからである．
そこで同じ市内にある雑木林である独歩の森から樹木を移植することを考えた。調査を行い、武蔵野の地に適している移植できる樹種としてクヌギとコナラを選定。生育を行い、根切り、根巻きを行ったうえで敷地への移植を行い、敷地に森をつくる。

清澄の散策路

交通の要所として麓に多くの店が建ち並び人で溢れかえる姿を喪失した現代の橋。無造作に動線が積層し動線は繋がることなくただひたすらに往復運動を繰り返している。これを昔の橋に立ち戻らせる事で積層した動線を繋ぎ合わせ地域・人・自然の結節点となる建築を作りたい。

小野 裕介
Yusuke Ono

慶應義塾大学
理工学部
システムデザイン工学科
アルマザン研究室

プログラム：
橋

構想／制作：
6週間／3週間

計画敷地：
東京都江東区
清澄白河

制作費用：
70,000円

進路：
慶應義塾大学大学院

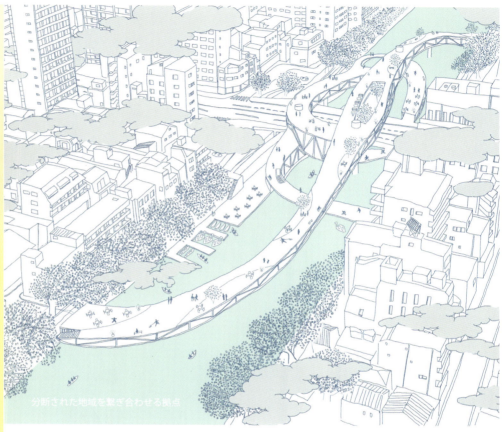

分断された地域を繋ぎ合わせる拠点

商店街 ÷ 美術館

古くからアートの根付く街、清澄白河。その中央部に位置する深川資料館通り商店街では、店舗の車庫化や住宅化が起こることで商店街の賑わいや連続性が失われてきている。既存の商店街の上にアーティストインレジデンスを段階的に寄生させていくことで、商店街の再生及び若手アーティストの支援を図る。

巽 祐一
Yuichi Tatsumi

慶應義塾大学
理工学部
システムデザイン工学科
アルマザン研究室

プログラム：
アーティストイン
レジデンス

構想／制作：
3カ月／4週間

計画敷地：
東京都江東区
清澄白河

制作費用：
70,000 円

進路：
慶應義塾大学大学院

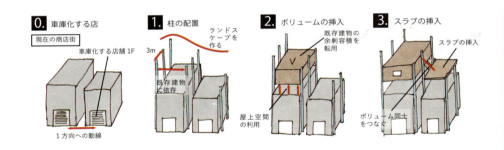

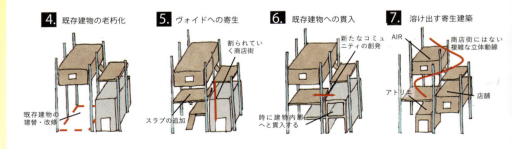

清澄のジム

運動やスポーツは、多くの人と出会い体験を共有でき、人びととのコミュニケーションを活発にするきっかけとして有効な活動である。この提案では、水辺空間のもつ特徴を生かし、さまざまな活動が集まり体験することでたくさんの興奮や笑顔があふれる場所をつくる。

菅沼 響子
Kyoko Suganuma

慶應義塾大学
理工学部
システムデザイン工学科
アルマザン研究室

プログラム：
スポーツ施設

構想／制作：
12週間／3週間

計画敷地：
東京都江東区
清澄1丁目

制作費用：
40,000円

進路：
慶應義塾大学大学院

エントランス

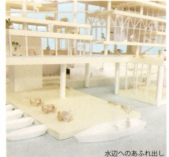
水辺へのあふれ出し

大外部空間

Concept

運動

運動やスポーツは、多くの人と出会い体験を共有し、
コミュニケーションを活発にするきっかけとして有効な活動

Process

一般的なスポーツ施設 → それぞれのプログラムに必要なボリュームをつくる → ボリュームをずらして配置

道を巻きつける

道を巻きつける

滞在空間として水辺を活用する

隅田テラスを上階まで延長し、各運動空間をさまざまな道でつなげることで、多用な活動に接する機会を増やす

川の水量のボリュームは保ちつつ、堤防の形を変える

MoSA, Omachi
サイトスペシフィックアートによる
美術都市構想

現代アートに関する環境は今、変革の時期を迎えている。従来の保存を目的としてきた環境は芸術祭によってアートを消費するようになり、それに伴い芸術際開催地と開催側との齟齬が生じている。そこで主に芸術祭で製作されるサイトスペシフィック アートの分析からアートを街に還元する提案を行う。

齋藤 裕
Yutaka Saito

信州大学
工学部 建築学科
寺内研究室

プログラム：
美術館 / 都市計画

構想／制作：
16 週間／2 週間

計画敷地：
長野県大町市

制作費用：
40,000 円

進路：
信州大学大学院

MoSA, Omachi
Museum city of Site-specific Art

1. area forest
2. area neutral
3. area build
4. area lake
5. exhibition zone
6. info
7. cafe
8. shop
9. rest room
10. wc
11. void
12. storage
13. plaza forest
14. plaza build
15. plaza lake
16. plaza entrance
17. parking

viewing flow line
management flow line

DEPARTMENT STORE 2.9

衰退の著しい地方百貨店は売場面積を重視した空間構成を採用しているが、これは現代の消費と噛み合っていない。ながの東急百貨店を敷地とし、既存スケルトンをベースにしながら、百貨店立面構成の類型化で得た知見によるファサードと、ドミノシステム型内部空間からラウムプラン型へ改変によって時代に即した新たな百貨店空間を提案する。

鈴木 巧
Takumi Suzuki

信州大学
工学部 建築学科
寺内研究室

プログラム：
商業施設

構想／制作：
4ヶ月／6週間

計画敷地：
長野県長野市

制作費用：
70,000 円

進路：
信州大学大学院

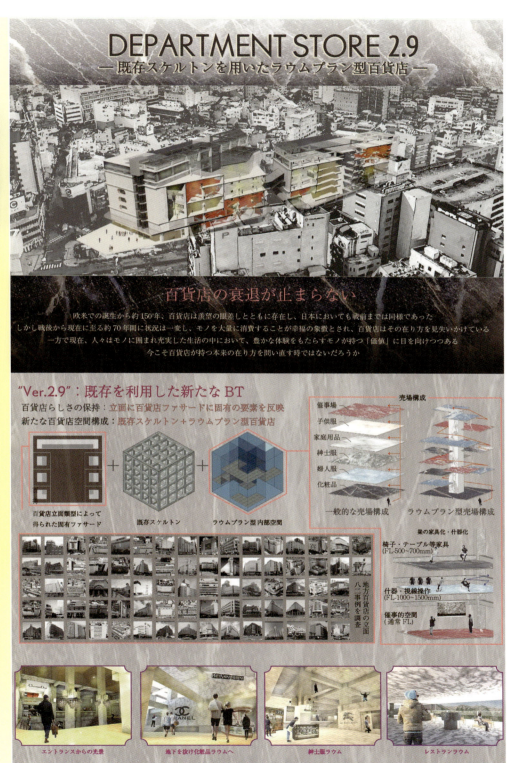

町の結び場
- 祖父の家を解き結び直すこと -

祖父が亡くなり、人が住まなくなったこの空き家は今年の春から学童保育所として使われる。閉ざされ、孤立していたこの空き家は減築、増築など建築的操作によって、やがて多世代が交流できる地域の結び場となる。

鈴木 康平
Kouhei Suzuki

青山製図専門学校
インテリア学部
インテリア工学科

プログラム：
学童保育所

構想／制作：
３週間／４週間

計画敷地：
静岡県静岡市葵区

制作費用：
30,000 円

進路：
進学

01 対象敷地
静岡県 静岡市葵区
静岡駅から車で10分ほど離れた住宅街に位置する祖父の家。

02 プログラム

① 縁側図書館
歴史好きな祖父の家には多くの本が残されていた。この町には行き場を失った本が多く存在する。それらの本を縁側の大きな本棚に収納することで、この町の人々の関心や知識の詰まった個性的な図書館になる。

② おすそ分け市
古くから農業を営んでいたもの町の人々は、農家をやめてからもなお、趣味として家の庭先で小さな畑を耕している。採れたての野菜を町の人におすそわけする場所を作ることで、野菜を介した交流が生まれる。

③ 町のキッチン
近年、核家族化により、家庭の味を若い世代へ受け継ぐことが難しくなっている。この町のキッチンでは、多世代の人が一緒に料理を作り、食べる。家庭の味は若い世代に受け継がれ、また町の味として育まれていく。

03 建築的操作
解くこと（減築）
コンクリートブロック塀　離れの壁
結び直すこと（増築）
町の縁側

04 ダイアグラム

1. ブロック塀より閉鎖的な家。
2. ブロック塀をなくし町との境界線を緩やかにする。
3. 離れの壁をなくし柱と屋根の空間をつくる。
4. 家の奥に位置していた縁側を町と結ぶ。

夢工房

デザイン系学生が制作活動に集中して作業でき、共同で生活、制作を行うことにより、お互いの意識や活動を高めあえる場を計画した。またその活動の成果を様々な形で外部に公表する場を併せて持つことによって外部との交流や街全体へ働きかけが日常的に行えるようにした。

熊谷 慧
Satoshi Kumagai

文化学園大学
造形学部
建築・インテリア学科

プログラム：
共同生活施設

構想／制作：
24週間／8週間

計画敷地：
東京都武蔵野市
吉祥寺本町周辺

制作費用：
100,000 円

進路：
桑沢デザイン研究所

PROGRAM

学生の普段の制作活動だけではなく街への働きかけとして既存の街へのデザイン協力や空き店舗や設計施設、既存の街にあるギャラリーにおける学生の制作物展示や外部の人の希望に応じた計画、デザインを学生が受け実際にその場で展示やショップを期間的に行う。

学生は普段の活動では得られないクライアントとの場を得られ実際に制作をすることができるため大きな経験となり、今まで興味や希望があったクライアントに気軽に行動できる環境ができることによりその思いを後押しし、空き店舗などの有効活用とともに、学生が活発的に日常から街に働きかけることによって街全体が賑わいを帯び活性化する。

全体計画

月島的変化

東京都の月島では、生活感が滲み出す生活容態が高層化の波に取って代わられ消えてしまう現状がある。資本論理の強く働くこの地域で重層マンションと対峙可能かつ滲み出す生活感を残す集合住宅を計画。月島的変化はこの地域に留まらず中国の都市やアジアの幾つかの都市でも見受けられる。高層化で均質化していく都市の中で高らかに生活することの喜びを謳う都市と生活の関係性の建築化が必要だと考える。

小山 竜二
Ryuji Koyama

東京電機大学
未来科学部 建築学科
山田研究室

プログラム：
集合住宅

構想／制作：
8週間／1週間

計画敷地：
東京都中央区月島

制作費用：
70,000円

進路：
東京電機大学大学院

雲の中を歩くように
- もので溢れるこの時代 大切なのは出会うシーン -

通信販売での買い物が普及する現在、商業施設に足を運ぶことに付加価値を付ける必要ができた。新陳代謝が求められる場所ゆえ単位空間で構成し、商空間を主軸に鑑賞空間と創造空間を設えて溢れるものと情報量をもつ文化都市の受け皿となる建築を提案する。単位空間の集合体は雲のように展開し、私たちは中を歩き回り、多様に展開していく空間から刺激を受けて新しい自分に出会う。

庄井 早緑
Samidori Shoi

東京電機大学
未来科学部 建築学科
山本研究室

プログラム：
複合商業施設

構想／制作：
24週間／2週間

計画敷地：
東京都港区六本木

制作費用：
30,000円

進路：
東京電機大学大学院

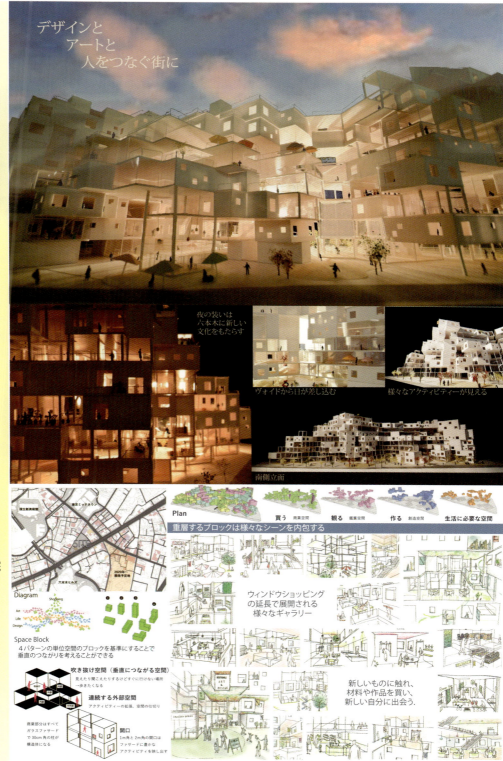

開講講座のご紹介

1級建築士

建築系資格の最高峰である「1級建築士」。試験の難易度は非常に高く、独学での合格は難しいのが現状です。
当学院では"受講生全員合格"を目標に、インタ・ライブ講義による一人ひとりのレベルに対応したきめ細やかな指導で合格へと導きます。

1級建築士コース

- 1級建築士総合セット
- 1級建築士学科対策講座
- 1級建築士ビクトリー総合セット
- 1級建築士ビクトリー学科対策講座
- 1級建築士パーフェクト総合セット
- 1級建築士パーフェクト学科セット
- 建築士サポートアップ合格セット
- 建築士新卒内定者特別コース
- 2級建築士合格力養成学科講座付 1級建築士総合セット
- 2級建築士短期必勝学科講座付 1級建築士総合セット
- 1級建築士短期必勝総合セット
- 1級建築士短期必勝学科講座
- 1級建築士設計製図完全合格対策講座
- 1級建築士設計製図セット
- 1級建築士設計製図講座

2級建築士

2級建築士は、戸建住宅のプロフェッショナル。1級建築士に比べて、扱える建物の規模や、用途、構造等に制限がありますが、戸建住宅程度の規模であれば、ほとんどの業務が可能です。建設関連の様々な職種において需要が高く、就職や転職の容易さから、非常に人気の高い資格です。

2級建築士コース

- 2級建築士総合セット
- 2級建築士学科講座
- 2級建築士パーフェクト総合セット
- 2級建築士マスターコース
- 2級建築施工管理学科講座付 2級建築士パーフェクト総合セット
- 2級建築士合格力養成総合セット
- 2級建築士合格力養成学科講座
- 2級建築士短期必勝総合セット
- 2級建築施工管理実地講座付 2級建築士パーフェクト総合セット
- 2級建築士短期必勝学科講座
- 2級建築士設計製図セット
- 2級建築士設計製図講座

建築施工管理技士

建築工事の施工管理業務に携わる方々にとって、1級・2級建築施工管理技士は必須の資格です。1級を取得すれば「監理技術者」として、2級を取得すれば「主任技術者」として、業務を行うことが可能になります。

1級建築施工管理技士コース

- 1級建築施工管理総合セット
- 1級建築施工管理学科講座
- 1級建築施工管理短期総合セット
- 1級建築施工管理実地講座

2級建築施工管理技士コース

- 2級建築施工管理総合講座
- 2級建築施工管理学科講座
- 2級建築施工管理実地講座

土木施工管理技士

土木工事の施工管理業務に携わる方々にとって、1級・2級土木施工管理技士は必須の資格です。
級を取得すれば「監理技術者」として、2級を取得すれば「主任技術者」として、業務を行うことが可能になります。

1級土木施工管理技士コース

- 1級土木施工管理総合セット
- 1級土木施工管理学科講座
- 1級土木施工管理実地講座

2級土木施工管理技士コース

- 2級土木施工管理総合講座
- 2級土木施工管理学科講座
- 2級土木施工管理実地講座

管工事施工管理技士

管工事の施工管理業務に携わる方々にとって、管工事施工管理技士は必須の資格です。
級を取得すれば「監理技術者」として、2級を取得すれば「主任技術者」として、業務を行うことが可能になります。

1級管工事施工管理技士コース

- 1級管工事施工管理総合セット
- 1級管工事施工管理学科講座
- 1級管工事施工管理学科短期集中講座
- 1級管工事施工管理実地講座
- 1級管工事施工管理実地重点対策講座

2級管工事施工管理技士コース

- 2級管工事施工管理総合セット
- 2級管工事施工管理学科講座
- 2級管工事施工管理実地講座

構造設計1級建築士

一定規模以上の建築物の構造設計については、「構造設計1級建築士」が自ら設計を行うか、法適合確認を行うことが義務づけられています。実務上、必要不可欠な資格であると同時に、構造の世界でのキャリアアップをめざす人間ならば、ぜひとも手に入れておきたい資格です。

構造設計1級建築士コース
- 構造設計1級建築士総合対策講座
- 構造設計1級建築士構造設計対策講座
- 構造設計1級建築士法適合確認対策講座

設備設計1級建築士

高度な専門能力を必要とする一定規模以上の建築物の設備設計に関して、「設備設計1級建築士」が自ら設計するか、法適合確認を行うことが義務となっています。設備設計の業務を行う上で、スペシャリストとして活躍するならば、必要不可欠な資格です。

設備設計1級建築士コース
- 設備設計1級建築士総合対策講座
- 設備設計1級建築士設計製図対策講座
- 設備設計1級建築士法適合確認対策講座

建築設備士

「建築設備士」は、建築設備全般に関する知識および技能を有し、建築士に対して、高度化・複雑化した建築設備の設計・工事監理に関する適切なアドバイスを行えます。建築士法が改正され、ますます需要が高まっている資格です。

設備設計1級建築士コース
- 建築設備士総合セット
- 建築設備士学科講座
- 建築設備士設計製図セット
- 建築設備士設計製図講座

宅建建物取引士

宅地建物取引士は、例年の受験者数が約20万人という、国家資格の中でもナンバーワンの人気資格。当学院の講座なら、初めて宅建に挑戦される方でも、効率的なカリキュラムで基礎から無理なく知識を養成。合格レベルの実力が確実に身につきます。

宅建建物取引士コース
- 宅建パーフェクト総合セット
- 宅建総合講座
- 宅建パワーアップ演習講座
- 宅建通信講座

賃貸不動産経営管理士

近年、賃貸住宅は管理の多様化が進んでおり、適正な管理を行うためには専門性の高い知識が必要となってきています。当学院の講座では、試験を知り尽くした講師陣が重要ポイントを基礎からわかりやすく解説。試験攻略に必要な実力を身につけることができます。

賃貸不動産経営管理士コース
- 賃貸不動産経営管理士WEB講座

インテリアコーディネーター

快適で魅力的な空間をデザインするインテリアコーディネーターは、住宅関連業界で人気の高い資格です。当学院の講座なら、基礎から段階的にレベルアップし、確実に合格レベルの実力が身につきます。

インテリアコーディネーターコース
- インテリアコーディネーター1次対策講座
- インテリアコーディネーター2次対策講座

1級建築士 卒業学校別実績

2018年度 1級建築士設計製図試験
卒業生合格者20名以上の学校出身合格者のおよそ6割は総合資格学院当年度受講生です。

卒業生合格者20名以上の学校出身合格者合計2,170名中／総合資格学院当年度受講生合計1,243名

当学院受講率 57.3%

学校名	卒業合格者	当学院受講者数	当学院受講率	学校名	卒業合格者	当学院受講者数	当学院受講率	学校名	卒業合格者	当学院受講者数	当学院受講率
日本大学	209	105	50.2%	京都工芸繊維大学	38	28	73.7%	東京大学	29	9	31.0%
東京理科大学	117	70	59.8%	東海大学	38	27	71.1%	北海道大学	29	13	44.8%
芝浦工業大学	100	60	60.0%	東北大学	37	13	35.1%	広島大学	28	19	67.9%
早稲田大学	96	45	46.9%	首都大学東京	36	23	63.9%	中央工学校	27	16	59.3%
近畿大学	77	43	55.8%	大阪市立大学	35	17	48.6%	室蘭工業大学	26	9	34.6%
明治大学	75	49	65.3%	横浜国立大学	34	19	55.9%	鹿児島大学	25	17	68.0%
神戸大学	70	40	57.1%	東京電機大学	34	18	52.9%	摂南大学	24	17	70.8%
千葉大学	66	43	65.2%	立命館大学	34	24	70.6%	工学院大学	24	15	62.5%
工学院大学	58	29	50.0%	金沢工業大学	33	19	57.6%	大阪大学	23	13	56.5%
東京都市大学	54	37	68.5%	東京工業大学	33	16	48.5%	東北工業大学	23	14	60.9%
大阪工業大学	50	32	64.0%	福岡大学	33	14	48.5%	愛知工業大学	22	11	50.0%
名城大学	49	32	65.3%	神奈川大学	32	19	59.4%	慶應義塾大学	21	12	57.1%
京都大学	47	20	42.6%	熊本大学	31	18	58.1%	広島工業大学	21	15	71.4%
法政大学	46	30	65.2%	名古屋大学	31	21	67.7%	大分大学	21	12	57.1%
九州大学	45	25	55.6%	信州大学	30	15	50.0%	三重大学	20	14	70.0%
関西大学	42	20	47.6%	新潟大学	29	15	51.7%				
名古屋大学	39	26	66.7%	前橋工科大学	29	21	72.4%				

※卒業学校別合格者数は、試験実施機関である（公財）建築技術教育普及センターの発表によるものです。※総合資格学院の合格者数には、「2級建築士」等を受験資格として申し込まれた方も含まれている可能性があります。※総合資格学院の合格実績には、模擬試験のみの受験生、教材購入者、無料の役務提供者、過去受講生は一切含まれておりません。※上記合格者数および当学院受講率はすべて2018年12月20日に判明したものです。

2018年度 設備設計1級建築士講習 修了考査
総合資格学院当年度通学受講生 **修了率 77.1%**
総合資格学院当年度通学受講生35名中／修了者27名
総合資格学院当年度通学受講生以外の受講者修了率36.2%
総合資格学院当年度通学受講生以外の受講者304名中／修了者110名
（2018年12月19日現在）

修了率の差 2倍以上

2018年度 2級建築士 学科試験
全国合格率37.7%に対して
総合資格学院基準達成当年度受講生 **合格率 92.6%**
8割出席・8割宿題提出・総合模擬試験正答率6割以上当年度受講生950名中／合格者880名

総合資格学院当年度受講生合格者数 **2,020名**
（2018年8月21日現在）

2018年度 1級建築施工管理技術検定 学科試験
全国合格率36.6%に対して総合資格学院基準達成当年度受講生**合格率85.8%**
8割出席・8割宿題提出当年度受講生584名中／合格者501名（2018年7月20日現在）

2018年度 1級土木施工管理技術検定 学科試験
全国合格率56.5%に対して総合資格学院基準達成当年度受講生**合格率90.9%**
8割出席・8割宿題提出当年度受講生77名中／合格者70名（2018年8月17日現在）

全国約90拠点

【開講講座】
1級・2級建築士／構造設計1級建築士／設備設計1級建築士／建築設備士／1級・2級建築施工管理技士／1級・2級土木施工管理技士／1級・2級管工事施工管理技士／宅地建物取引士／賃貸不動産経営管理士／インテリアコーディネーター

【法定講習】
監理技術者講習／一級・二級・木造建築士定期講習／管理建築士講習／宅建登録講習／宅建登録実務講習／第一種電気工事士定期講習

総合資格学院
東京都新宿区西新宿1-26-2 新宿野村ビル22F
TEL.03-3340-2810
スクールサイト www.shikaku.co.jp
コーポレートサイト www.sogoshikaku.co.jp

総合資格 検索 Facebook「総合資格 fb」で検索！

建設系資格取得応援「願書取り寄せサービス」＆当学院の教材・ガイダンスを無料でご提供「合格セレクトショップ」実施中！詳しくはHPにて！

卒、18 SOTSUTEN
全国合同建築卒業設計展

発行日　　2019年2月7日　初版発行
編　著　　「卒、18」実行委員会

発行人　　　　　　岸隆司
発行元　　　　　　株式会社 総合資格　総合資格学院
〒163-0557　東京都新宿区西新宿1-26-2 新宿野村ビル22F
TEL 03-3340-6714（出版局）
株式会社 総合資格　　http://www.sogoshikaku.co.jp/
総合資格学院　　　　https://www.shikaku.co.jp/
総合資格学院 出版サイト　　http://www.shikaku-books.jp/

編集　　　　　　　株式会社 総合資格　出版局　金城夏水
デザイン・DTP　　株式会社 総合資格　三宅崇、小林昌
印刷　　　　　　　シナノ書籍印刷 株式会社

Printed in Japan
ISBN 978-4-86417-279-0
©「卒、」実行委員会

本書の一部または全部を無断で複写、複製、転載、あるいは磁器媒体に入力することを禁じます。